INVERTIR

Una guía para la inversión a largo plazo

(Descubra paso por paso cómo empezar a negociar contratos hoy)

Mijail Ruiz

Publicado Por Daniel Heath

© **Mijail Ruiz**

Todos los derechos reservados

ISBN 978-1-989853-50-4

Este documento está orientado a proporcionar información exacta y confiable con respecto al tema y asunto que trata. La publicación se vende con la idea de que el editor no esté obligado a prestar contabilidad, permitida oficialmente, u otros servicios cualificados. Si se necesita asesoramiento, legal o profesional, debería solicitar a una persona con experiencia en la profesión.

Desde una Declaración de Principios aceptada y aprobada tanto por un comité de la American Bar Association (el Colegio de Abogados de Estados Unidos) como por un comité de editores y asociaciones.

TABLA DE CONTENIDO

Parte 1

Introducción

¡Felicitaciones por descargar este libro!

Actualmente, es raro encontrar personas que no entienda la importancia de invertir; pero cuando eres joven, la urgencia de esta necesidad parece estar muy lejos en el futuro. Idealmente, uno debería comenzar a invertir en etapas tempranas de la vida, pero la inocencia de la juventud suele ser un obstáculo. Lo mismo sucede cuando se les advierte a las personas del destino fatal al que nos lleva el calentamiento global: es difícil de comprender una catástrofe que se supone que va a suceder tal vez dentro de treinta, cuarenta o cincuenta años en el futuro.

Para los jóvenes, el tiempo parece estar siempre de su lado. Su atención suele estar en obtener lo mejor de la vida – cómo ejercer sus nuevas oportunidades de independencia; aprender a vivir por su cuenta, experimentar relaciones con otras personas, viajar o sólo simples búsquedas de aventura. La idea de planificar cómo retirarse cuando recién se está trabajando por primera vez parece no encajar en el panorama global de lo que nos rodea.

Pero algo sucede cuando se alcanzan los treinta o cuarenta años. El peso de los años vividos comienza a tomar control. Para entonces, tienes una familia, probablemente una montaña de deudas y un montón de responsabilidades con las que tienes que lidiar. Tal vez el darte cuenta llega de golpe. Vuelves a casa de trabajar, cansado y exhausto, y en un intento de liberar el estrés, todas esas advertencias de tus progenitores, maestros y otros consejeros vuelven con toda su fuerza y espontaneidad.

¿Qué es lo que estoy hacienda para cuidar a mi familia?

¿Cuánto dinero necesito para darles a mis hijos una educación adecuada?

¿Cómo voy a pagar mis cuentas si el Seguro Social no las cubrirá?

¿Cuándo voy a encontrar el tiempo para ver el mundo – cómo voy a pagar eso?

De pronto, esa percepción de independencia parece un sueño y la libertad ya no parece tan exquisita. Se ha oscurecido con miedos sobre el futuro. Tal vez, de alguna manera, has comenzado a ahorrar por tu cuenta pero es un comienzo muy lento al comprender que el mísero interés no es suficiente para mantenerte a salvo mientras crece. De hecho, es claro que el escaso porcentaje de interés que te ofrecen ni siquiera alcanza para contrarrestar la inflación. De acuerdo con algunos cálculo estimativos, con un 3% de inflación anual, tus $100 van a lograr $22 de ganancias en unas décadas.

Durante tus veinte y treinta años has

aprendido que la educación no es exclusiva de los colegios y los libros. La vida puede enseñarte algunas lecciones bastante duras; puede dejar a cualquiera de nosotros con defensas bajas contra todas las cosas negativas que podrían habernos sucedido en el pasado.

Para muchas personas que llegan a los cuarenta, la vida les ha hecho pasar por divorcios, separación, despedidos, estafas y un montón de otras experiencias negativas; que con el tiempo, moderan su entusiasmo que los empuja a caer, por ejemplo, en la drogadicción.

Entonces, mientras existen muchas personas jóvenes que se lanzan al mundo de la inversión en sus años mozos, en líneas generales, hay quienes lo hacen a los cuarenta cuando se dan cuenta que esos buenos años no van a durar para siempre: necesitan repensar su enfoque y prepararse para lo que sigue.

Las buenas noticias consisten en que en cierto punto de la vida, está muy bien comprometerse más. Los trabajos se vuelven más estables, los salarios mejoran, y si se tiene algún tipo de sentido financiero del que hablar, las obligaciones mensuales se estabilizan. Si sólo puedes administrar el reino del gasto de las tarjetas de crédito, tal vez estés estabilizado de por vida. Es el momento perfecto para comenzar a invertir o llevar tus inversiones al siguiente nivel.

Es por esto que las inversiones en los cuarenta tienden a asegurar mejores resultados. A esta edad, las personas ya no se enfocan en las próximas grandes vacaciones ni están interesadas en la última moda. A esta altura, ya se han establecido, y la mayoría tiene una familia que cuidar. Están afirmados y pensando seriamente en el futuro, no sólo para ellos mismos sino para quienes dependen de su responsabilidad.

Idealmente, es mejor comenzar a invertir temprano. De acuerdo a algunos informes invertir consistentemente a los veinte o treinta años logrará más del doble de lo necesario por encima de quienes esperaron hasta los cuarenta. Esta estadística señalada en la revista online 'Las finanzas de Darwin' deja bien en claro que si has aportado $5000 al año entre los 25 y 35 años, habrás cubierto más interés que si lo haces entre los 35 y 65 años.

Este enunciado debería ser un catalizador para cualquiera interesado en desarrollar una estrategia de inversión para comenzar a invertir ahora. Cuanto más tiempo esperes, menor será el interés que recibirás. Sin embargo, estos datos funcionarán en cualquier encuadre de tiempo de diez años de longitud. Entonces, si has alcanzado tus cuarenta y tienes que comenzar a invertir, debo recalcar que no hay mejor momento que hoy día para hacerlo.

Dicho esto, comencemos a observar tus opciones reales.

Capítulo 1: Razones para invertir

Una de las principales razones de porqué muchas personas dejan de invertir es que no saben cómo hacerlo. Es muy triste que luego de muchos años de gastar en educación estudiando todo desde el ABC hasta la tabla periódica, pocas personas entienden realmente los conceptos básicos involucrados al hacer inversiones. De hecho, muchos ni siquiera están seguros lo que invertir significa en realidad.

El concepto básico de inversión es encontrar formas de que tu dinero genere más dinero para ti. Entonces, más que trabajar por cuarenta o cincuenta años por una jubilación minúscula, tus inversiones comenzarán a generar un ingreso pasivo con una entrada mínima o poco esfuerzo de tu parte. Por ejemplo, digamos que decidiste invertir en el mercado de valores y compras acciones en Starbucks. En teoría, observarás el mercado y esperarás que el valor caiga, luego comprarás las acciones y esperarás a que el precio de las mismas suba. Si vendes en ese punto, habrás obtenido una ganancia.

Esta es una forma relativamente sencilla de invertir. Sin embargo, pocas personas se dan cuenta que Starbucks también paga un dividendo cuatrimestral. Entonces, si posees 100 acciones de Starbucks, recibirás un pequeño porcentaje del pago por cada una de esas acciones, no sólo una vez sino cada cuatrimestre, por tanto tiempo como Starbucks continúe siendo rentable junto con esas acciones, que podría ser una cantidad mucho más considerable a lo largo de los años que lo que recibirías comprando y vendiendo.

Tal vez también hayas escuchado que una buena opción para invertir se da en el ámbito de bienes raíces. Algunas personas simplemente compran propiedades, las renuevan y las revenden a un precio más alto. Otros consideran alquilarlas, reuniendo meses de alquiler, y esperando que la propiedad incremente su valor a lo largo de los años. La cuestión es que hay muchas direcciones posibles que puedes tomar cuando se trata de invertir. Este libro tratará sobre las estrategias más comunes utilizadas hoy en día, pero de ninguna manera abarca todas las posibilidades.

Mientras que siempre hay cierto grado de riesgo asociado a las inversiones, da resultados si te tomas el tiempo de evaluar cuál es tu razón personal para invertir antes de decidir cuál opción funcionará mejor para ti. La verdad es que cualquier tipo de inversión cambiará su naturaleza a lo largo del tiempo. Una acción que está incrementándose rápidamente puede desmoronarse súbitamente también, un alquiler de propiedad puede depender de largos períodos de vacaciones, y el banco donde estás ahorrando puede que ya no tenga la capacidad de mantener el porcentaje de interés que estás obteniendo actualmente. Por estas razones, también discutiremos los posibles riesgos de invertir y cómo podrías protegerte de los mismos.

En ciertas ocasiones, cualquier inversión que elijas podría perder completamente su valor a lo largo del tiempo, llevándose todo tu dinero. Esto suele suceder cuando posees acciones en una compañía que se declara en bancarrota o si tu propiedad se destruye por alguna clase de desastre natural. Mientras que los sucesos negativos ocurren de tanto en tanto, no debería ser la razón esencial por la cual debes evitar invertir.

El cambio y el riesgo es una parte inevitable de la vida. Las personas no evitan vivir en Florida porque tal vez sufran las consecuencias de un huracán, ni evitan ir a California porque le temen a los terremotos.Esto se debe a que las ventajas sobrepasan los posibles riesgos. La realidad es que no hay modo de obtener el interés deseado de tus inversiones sin estar predispuesto a aceptar los riesgos.De todas formas, es posible limitar tu exposición al riesgo al no involucrarte en inversiones compulsivas. Para lograrlo, necesitas tener un sólido y buen plan de inversión.

¿Por qué quieres invertir?

Al crear tu propio plan de inversión, una de las primeras preguntas que deberías hacerte es porque quieres invertir en primer lugar. Necesitas saber y comprender tu principal objetivo – donde quieres llegar a nivel financiero – y luego crear los pasos necesarios para llegar allí. Probablemente hay tantas razones como inversores. La decisión está basada en tus objetivos personales y en tus circunstancias actuales, así que ningún plan de inversión es idéntico a otro.

Algunas de las razones más comunes para invertir incluyen:

- Planificar para el momento de retirarse
- Pagar la educación de los hijos
- Crear una vida de independencia financiera
- Viajar
- Lograr un sueño de vida (escalar el Monte Everest o hacer un

viaje en bicicleta alrededor del mundo)

Nos han dicho muchas veces en la vida que depender de una pensión del gobierno o una jubilación no siempre es una decisión práctica. Esto es especialmente verdadero en EEUU. A medida que la generación de post-guerra está entrando en su momento de retiro, es evidente que la siguiente generación no tiene suficiente fuerza laboral para mantener los pagos de seguridad social que el gobierno necesita para pagarles a todos. Los nacimientos también han disminuido considerablemente, y con la

14

tecnología moderna y los avances de las prácticas médicas, las personas viven más años que en generaciones previas.

Sin importar los planes que se tengas para el futuro, tiene sentido crear alguna clase de plan de inversión que te permita continuar viviendo una vida confortable sin tener que depender de tales opciones para sostenerse hasta el final. Cuanto más pronto comiences a invertir, más seguro será que en el futuro estés libre de preocupaciones financieras.

¿Qué porcentaje de interés esperas obtener?

Ya que muchas personas invierten por diferentes razones, sus expectativas pueden también variar. Lo que puedes esperar de tus inversiones dependerá de diferentes circunstancias: cuán riesgosa es tu herramienta de inversión, cuánto pones en ello y tu nivel personal de paciencia. También tienes que considerar las fluctuaciones naturales del mercado. En resumen, es imposible hacer un enunciado general que se adecúe a todas las situaciones.

Se cree que la inversión en el mercado de valores puede darte un promedio del 12% de interés anual, pero basados en las variables descriptas arriba, eso podría ser cierto sólo bajo ciertas circunstancias. Dependerá de ti determinar cuánto deberías esperar obtener de tus intereses.

Por ejemplo, hablemos de acciones. Primero, cuando inviertes tu dinero en una acción en particular, te darás cuenta de que el precio de cada acción fluctúa hacia arriba y hacia abajo. Nunca se estabiliza completamente. Necesitas entender porque esos precios cambian. Cuando se trata de acciones de valores hay al menos tres razones de porqué el precio puede subir:

1) Hubo una ganancia en la inversión en

forma de interés, o un dividendo fue pagado.

2) Las inversiones de la compañía se vendieron luego de ser valoradas (a veces referido a una ganancia observada).

3) La inversión subió de valor, lo que básicamente significa que la demanda de esa acción en particular creció.

También necesitas entender por qué el precio de esa acción ha bajado de valor. Tal vez la demanda por esas acciones declinó un poco, o hubo una cantidad significativa de deuda que la compañía mantuvo.

Al invertir en el mercado de valores, hay algo que es claramente penoso. Una razón primaria de porqué hay un cambio en el valor en general se debe a que la demanda de esa acción cambia. Si la demanda es alta, el precio subirá, pero si la demanda cae significa que el público está interesado en otra cosa. Entonces, mucho del interés que deberías esperar al invertir en el mercado de valores dependerá en gran medida de lo que el público demande.

Este mismo concepto básico también se aplica a otras formas de inversión. Ya sea que planifiques invertir en bienes raíces, una cuenta de retiro, o algún otro instrumento y que necesites aprender cómo causa las fluctuaciones del precio para poder medir el movimiento del mercado.

Idealmente, quieres seguirle el paso a estos movimientos del mercado. Ya sea que tu inversión esté colocada en acciones, bienes raíces, fondos mutuos o algo más; necesitas ser realista en tus expectativas. Si estás en la búsqueda de una cifra como el 12%, te decepcionarás. Saber cómo funciona el mercado es simplemente el primer paso para crear un plan de inversión que esté a tu alcance.

Una forma de que tu potencial de inversión se dispare es tomar ventaja de los índices de interés. Por cada punto de incremento del porcentaje de la ganancia de cada año, puedes ganar incrementos masivos en tu portfolio general financiero.

Por ejemplo, considera el siguiente punto. Digamos que invertiste $10,000 al 10% de interés y lo mantienes en su lugar para que tu familia lo utilice en el futuro. Si de alguna manera pudieras obtener el 20% de interés sobre el mismo monto de dinero, duplicarías más del doble. De hecho, habrías acumulado en 100 años más de $800 billones de dólares.

Por supuesto, mantener una inversión en su lugar por cien años no es un objetivo para la mayoría de las personas, pero la ilustración es clara. Un buen interés es una opción excelente, pero si puedes encontrar herramientas de inversión que ofrezcan un interés compuesto, el interés será miles de veces mayor a lo largo del tiempo.

Entonces, ¿a qué se considera exactamente un buen porcentaje de interés? Para determinar esto, también tienes que considerar la inflación. Tu objetivo es que tu poder adquisitivo se incremente, pero velar por un incremento sólo en la cantidad de dólares no necesariamente alcanzará a un porcentaje de inflación firmemente creciente. En otras palabras, no estarías buscando un valor de dólar específico, estarías observando lo que fueras capaz de comprar con la cantidad de dinero que obtuvieras finalmente.

Quieres saber cuántos pagos de hipoteca puedes cubrir, cuántas vacaciones podrás tomarte o cuántos pares de zapatos de diseñador podrás comprarte.

Básicamente, el verdadero valor del dinero declinará a lo largo del tiempo. Por consiguiente, si posees $100 hoy, puedes comprar $100 de mercadería. Sin embargo, ese poder adquisitivo decrecerá a lo largo de los años de tal modo que en diez años, comprarías mucho menos, y esta tendencia seguiría a lo largo del tiempo también.

Para observar un ejemplo perfecto, mira el índice de precios del consumidor publicado en el Bureau de Estadísticas Laborales cada mes. Mantienen récores de hace más de 100 años. El índice mide los cambios en los precios de la mercancía a lo largo del tiempo. Si estudias los datos, te darás cuenta que el índice de precios del consumidor crecerá de 1.0 en enero de 2013 a 25.1 para noviembre de 2017. Estos promedios dan un incremento del 3.1% anual. Esto no significa que hubo un incremento continuo en los precios cada año. Una mirada a nuestra historia muestra que durante la Era de la Depresión, hubo una depreciación de los precios que necesitaban ser facturados también.

A medida que comiences a invertir, te

darás cuenta que estos tipos de fluctuaciones seguirán afectando los resultados de tus inversiones. Notarás períodos en que las ganancias entrarán rápido y furiosamente o períodos en que habrá poco o ningún movimiento. Sin embargo, si no haces nada con el dinero este perderá su valor;es una pequeña apuesta cada año,con la probabilidad de que tu poder adquisitivo decrezca a un ritmo del 3% anual aproximadamente.

Entonces, al crear un portfolio de inversiones, tu objetivo debería ser incrementar tu poder adquisitivo al menos un 3% cada año para no perder el valor que tanto tiempo te ha costado lograr. Es por esto que invertir es una estrategia importante. Mientras que ahorrar dinero puede parecer una movida inteligente, el interés minúsculo que la mayoría de los bancos ofrecen son raramente suficientes para cubrir el costo creciente de la inflación que finalmente erosiona tu futuro poder adquisitivo. Por esta razón, el porcentaje mínimo de interés que deberías esperar de tus inversiones debería al menos cubrir el porcentaje de inflación que hubiese en ese periodo.

¿Cómo decidir cuál oportunidad de inversión es adecuada para ti?

Para cualquiera que se tome en serio seguir adelante, debería tener claro el concepto de inversión. Aun así, este sería sólo el primer paso. Tienes que decidir cuál herramienta de inversión utilizarás y luego aprender sus ventajas y desventajas al emplearlas.

Si has estado pensando sobre esto durante algún tiempo, ya sabes que hay más que unas pocas opciones en las que puedes invertir, cada una con su propio nivel de riesgo y retribución. Antes de dar el primer paso al invertir, necesitas realizar una pequeña investigación del entorno para adquirir un buen entendimiento de lo que podrías razonablemente esperar de los intereses y cómo manejar los riesgos que son inevitablemente parte de estas estrategias para hacer dinero. También necesitas saber cómo se coordinará eso con tus objetivos de inversión y cómo se adecuará a tus otras opciones que puedan sumarse a tu portfolio de inversión.

Clases de activos

Generalmente, cuando las inversiones son similares, están separadas en grupos llamados clases de activos. Estos instrumentos son similares en naturaleza y ofrecen el mismo tipo de interés y riesgo. Hay muchos tipos diferentes de clases de activos, y dentro de cada clase hay diversos tipos diferentes de opciones de inversión.

A través de las siguientes páginas de este libro, observaremos diferentes clases de activos que tal vez quieras considerar para invertir; observaremos de cerca cada uno de estos riesgos e intereses posibles junto con alguno de los productos asociados a los mismo.

Hay pocas clases de activos que podrías considerar, incluyendo invertir en oro, bienes raíces, acciones, bonos y mucho más. Sin embargo, hay un activo sobre el cual pocas personas siquiera consideran cuando se trata de posibilidades de inversión, y es su propia contribución al portfolio de inversión.

Aún antes de decidir en invertir, necesitas medir el valor de tus habilidades, conocimiento y experiencia y cómo todo esto encajará en tu panorama. Tu capacidad de ganar dinero es fundamental para tu éxito cuando se trata de una inversión. Sin dinero con el que comenzar, la inversión nunca sucederá. Ya sea que decidas tomar una parte de tu salario para invertir o decides obtener todo de una vez para comenzar tu propio negocio, estarás apostando al valor de tu pericia en el mercado global.

No tomes este factor a la ligera, ya que te exigirá hacer algunos ajustes al modo en que estás viviendo hoy en día, especialmente si comienzas con una pequeña suma de dinero. Si estás viviendo de sueldo en sueldo, deberás recortar tus gastos. Esto significa mudarte a un barrio más barato, recortar las deudas de la tarjeta de crédito, ponerte a trabajar un poco más para generar el dinero que planeas invertir.

Cuanto más joven eres, mayor es el valor de tu capital humano, simplemente porque no tienes el efectivo para entrar en el juego del dinero. Por otro lado, quienes están en sus cuarenta o más y no tienen tanto tiempo para acumular los intereses que necesitan,a medida que envejecen, el valor de su capital humano decrece.Tendrán menos años para invertir, y tu habilidad para esforzarse más y así generar los fondos para invertir también decrecerán.

Debes asegurarte que el dinero que planeas ganar en tus inversiones tendrá intereses que sobrepasarán la inflación más tus gastos cotidianos. Si no lo haces, tu estrategia de inversión no funcionará, y te encontrarás con un balance negativo.

¿Podrás revalorizar tu capital humano mientras estés en tus cuarenta? Tienes dos opciones básicas. Primero, incrementar la cantidad de tus ingresos para compensar el balance negativo. Segundo, disminuir la cantidad de gastos.

Observemos primero cómo incrementar las ganancias. La mayoría de las personas que ya están en sus cuarenta tienen un empleo estable y un salario regular. Sin embargo, suele no ser suficiente con respecto al costo de vida. Puedes ir a la oficina de tu jefe y pedir un aumento, pero lo más probable es que no irás muy lejos.

Por otro lado, existen otros modos de incrementar el salario. Podrías considerar ofrecer a tu empleador más servicios para que estén más predispuestos a incrementar tu salario. Podrías considerar obtener educación o entrenamiento adicional, o también podrías perfeccionar tus habilidades de negocios.

Por momentos, tal vez consideres renunciar y buscar otro empleador que te ofrezca mejor paga. La idea clave aquí es que tienes que empezar con algún tipo de capital para construir tu portfolio de inversión.

Otras personas pueden estar interesadas en comenzar su propio negocio. Esta tarea no es una opción para los pobres de corazón, existen muchos riesgos al hacer esto, y puede ser muy difícil comenzar un nuevo negocio desde cero. Aunque tengas éxito pasará un tiempo hasta que puedas generar suficiente capital y enfrentar el ahorro de un poco de dinero para empezar a invertir.

Una vez que tienes el capital para invertir, es tiempo de enfocar tu atención alos gastos que tienes y comenzar a recortarlos, aunque siempre es más fácil decirlo que hacerlo;solemos estar inundados de cosas que los vendedores insisten que necesitamos, y tendrás que tomar decisiones dolorosas. Recuerda, cuanto más gastos puedas recortar, más tendrás a tu disposición.

Ten en mente que tu capital humano siempre está en riesgo y necesitas pensar en términos de protegerlo a toda costa. Si te enfermas o tienes dificultades de salud, te asegurarás de tener un seguro de salud y de vida para protegerte a ti y a tu familia de las pérdidas, ésta es una de las primeras y más importantes decisiones de inversión que puedes tomar.

¿Qué pasaría si te mueres y no le dejas un modo a tu familia para seguir adelante sin ti? Este hecho se vuelve aún más importante cuando eres un emprendedor que sostiene a la familia. El sólo hecho de que tus ganancias son inconsistentes a lo mejor es suficiente para recordarte que siempre estás en un estado precario.

Porcentaje de riesgo de interés

Una de las cosas que más atemorizan a las personas para invertir es el riesgo. Trabajan mucho para ganar dinero, y al tomar una mala decisión, todo su trabajo se esfuma. Aunque hay un poco de verdad en ese tipo de pensamiento, es muy relativo. En nuestros tiempos de economía moderna, todo en lo que confiamos está en riesgo.

¿Cuántas veces has escuchado o siquiera experimentado que luego de años de dedicación a un trabajo a las personas las apartan de su labor, las fuerzan a jubilarse o –me atrevería a decir – las despiden sin previo aviso? Y todo el trabajo y esfuerzo que pusiste allí se evapora y ya tienes poco o nada que obtener de ello.

Este problema es más acuciante que lo que podrías imaginar, y es especialmente desconcertante cuando llegas a la mitad de tu vida. Las oportunidades para las personas más grandes dentro de los puestos de trabajo disminuyen rápidamente, y la idea de empezar todo de nuevo desde cero es más atemorizante.

La verdad es que todo en la vida conlleva cierto nivel de riesgo. La pregunta que debes contestar es cuánto estás dispuesto a arriesgar. Como dicen, si no hay sufrimiento, no hay ganancia.

Invertir, como cualquier otra cosa, trae su propio conjunto de riesgos, así que depende de ti medir cada oportunidad para determinar si los riesgos valen el potencial de ganancias que esperas obtener.

No hay garantías, así que tu habilidad para entender totalmente la relación existente entre los riesgos que estés por tomar y las retribuciones posibles son la pieza clave del rompecabezas de la inversión. Te ayudará a determinar cuál ruta de inversión elegir.

Cuando se trata de invertir, la regla de oro

es que cuanto mayor arriesgas, mayor potencial para obtener un buen interés. Por ejemplo, invertir en criptomonedas conlleva un alto potencial de interés, pero también implica mayor probabilidad de perder todo lo que has invertido allí. Entonces, tienes que determinar exactamente cuán cómodo estarás con tus elecciones de inversión. Necesitarás medir el promedio de riesgo o de recompensa.

Una de las primeras preguntas que te harás es, ¿puedo perder dinero? Es totalmente comprensible tener esa duda. Nadie quiere perder dinero, sin embargo existen otros riesgos que tendrás que evaluar también:

- ¿Ganarás lo suficiente para alcanzar tus metas?
- Si alcanzas las ganancias deseadas, ¿estás dispuesto a superar los obstáculos para alcanzar nuevas metas?
- ¿Las inversiones que elegiste van a perder su valor a lo largo del tiempo?

Probablemente tengas más preguntas cuando se trate de riesgos. El punto es que estas dudas necesitan ser evaluadas cuidadosamente antes de tomar cualquier decisión.

Una de las preocupaciones más grandes de cualquier inversor es si su instrumento de inversión perderá o no su valor, llevándose todo el dinero invertido. Existen lugares donde puedes colocar el dinero que te garantizan no perderlo, pero suele tener su costo. Las cuentas de ahorro bancarias, por ejemplo, garantizarán que el dinero que deposites estará protegido sin importar lo que le pase al banco.

Sin embargo, el riesgo aquí es que tus intereses son muy pequeños, y colocar el dinero en una cuenta te desvía de considerar otras oportunidades de inversión que podrían darte mejores resultados.

Cuando te tomas el tiempo de analizar el porcentaje de inflación, la mayoría de las cuentas mostrarán que estás perdiendo dinero a lo largo del tiempo. Esta es la clase de riesgo del que pocas personas son conscientes. Mientras están obteniendo la misma cantidad de dinero de vuelta luego de años de depósito en el banco, están perdiendo su poder adquisitivo. Pregúntate si esta es la clase de riesgo que quieres correr.

También necesitas considerar si los intereses que obtienes son suficientes para ayudarte a alcanzar tus objetivos financieros. Este riesgo es un poco más difícil de medir. Tendrás que evaluar un número de otros factores que contribuyen a determinar si las opciones de inversión son suficientes.

Primero, si determinas que no puedes afrontar el alto nivel de riesgo, tal vez encuentres que tienes que poner más capital en la inversión para alcanzar los resultados deseados.Tendrás que saber justo cuanto invertir para tener más probabilidad de éxitoy así alcanzar tus objetivos. Mientras que una pequeña inversión te hará ganar más dinero, tal vez no sería suficiente para alcanzar esos objetivos.

Lo ideal en este tipo de situaciones es que cuanto más tiempo tengas para invertir, mejores chances tendrás de obtener beneficios. También tendrías que considerar gastos adicionales que no puedas haber pensado. Si inviertes en Certificados de Depósito en tu banco, tal vez tengas que pagar mensualmente una comisión de mantenimiento más impuesto a tus ganancias, o quizás una inflación magnánima que necesite un recorte.

El mejor modo de esquivar este tipo de riesgos, que pueden erosionar las ganancias acumuladas, es asegurarte que tus inversiones están diversificadas. Cuando tu portfolio está repartido e invertido en variedad deactivos, podrás disminuir tu riesgo. Mientras una inversión pruebe ser rentable en un momento dado, tal vez sea suficiente para compensar cualquier disminución de otras oportunidades, equilibrando las escalas y dando otro nivel de protección a las pérdidas totales.

Capítulo 2: Cómo utilizar la red para generar riquezas

Con cada año que pasa, se vuelve cada vez más difícil equilibrar la balanza. La mayoría de nosotros siente que se trabaja más y no se llega bien a fin de mes. Si no se está endeudado, tal vez igual se sienta que se corre tan rápido como se puede y sólo se llega al mismo lugar.

Aquí es donde las decisiones sobre inversiones pueden ser herramientas para cambiar tus circunstancias. El problema no está en cuánto trabajes, sino en las estrategias de elección que utilizas. De hecho, es muy probable que no comprendas bien tu situación financiera personal.

En general, las personas tienden a tener dos marcos mentales distintos cuando se trata de dinero. Están quienes viven de sueldo en sueldo; y quienes saben y entienden su verdadero valor neto. Las personas que dependen de su sueldo están enfocadas en acumular sus ingresos para incrementar sus ganancias. Mientras tanto, una persona con una comprensión de su valor neto está enfocada en permitir que su dinero trabaje para ella.

Este concepto suena bastante simple, como aprendimos en el capítulo anterior, nada pasa hasta que inviertes en ti mismo, y es lo que haces con tus inversiones que harán la diferencia en cuán exitoso seas en tus desafíos. Si aún no reconoces la diferencia, piénsalo de este modo. La diferencia entre estos dos marcos mentales es la diferencia fundamental entre el ingreso y la riqueza. Encima de la superficie, puede que parezca la misma cosa, pero existen diferencias significativas entre ambas.

Desde el momento en que comenzamos a entender el mundo que nos rodea, la sociedad se esfuerza mucho para que nos enfoquemos en el dinero. Nos dicen que quienes son ricos han acumulado su riqueza trabajando y ganando inmensos ingresos de seis o siete cifran. Nuestros progenitores nos dicen que tenemos que tener un puesto de trabajo y trabajar fuerte para ser recompensados con más y más dinero.

Aprendemos a ver a nuestros amigos, colegas, conocidos y cualquier otra persona que conozcamos por las dimensiones de su salario. De hecho, nuestros salarios y títulos se convierten en símbolos de status para el resto del mundo.

Mientras que los ingresos y la riqueza están de alguna manera relacionados, ayuda a comprender lo que realmente significan. Si ganas la lotería y te dan millones de dólares, la diferencia se notará rápidamente. Si decides despilfarrar y gastarte todo durante un año, terminarás con una casa hermosa, un auto de lujo y todas las comodidades que todo esto conlleva. Darás una apariencia de riqueza, pero como no has hecho nada para asegurar tu valor neto, no sería muy distinto del día anterior a que recibieras esa gran cantidad de dinero.

Por el contrario, quienes eligieron concentrarse en su valor neto contarán con más dinero por más tiempo. La clave no es cuánto tiempo trabajas o cuánto ganas – todo pasa por lo que tienes y cuánto tienes, además de cuanto puedes mantener y construir a partir de allí.

Este punto se va a seguir repitiendo. No es cuánto tienes pero cuanto puedes retener que determinará tu valor neto y asegurará tu éxito financiero. Tu objetivo al invertir no debería ser hacer más dinero sino asegurarte que retienes más dinero. Quieres que el dinero llegue a un punto donde pueda sostenerte y proporcionarte la seguridad financieraque necesitas para ti y tu familia.

Como probablemente observes, el marco mental del salario es muy frágil y puede quebrarse en cualquier momento. Podrás pensar que tu trabajo, y por ende tus ingresos, están a salvo, pero sólo requiere de un paso en falso financiero para que pierdas todo y el flujo constante de dinero se detenga. Renunciar o ser despedido de un trabajo es algo muy común en estos días, y si no estás enfocado en tu valor neto cuando esa fuente de dinero acaba, tu seguridad también lo hará.

Una persona enfocada en su valor neto será mucho más estable cuando hay una debacle económica. Significa que tus recursos y tu fuente de soporte financiero funcionan más allá de un salario regular. Si una opción de inversión falla, cuentas con otras a las cuales recurrir, proporcionándote la habilidad y los medios de recuperarte cuando lo necesites. Al fin y al cabo, más que dejarte llevar, en realidad contarás con una pequeña canasta prolija de huevos que te respaldará en tiempos de crisis.

Esto se debe que a medida que tus riquezas aumentan, tu dinero estará trabajando aun cuando tú ya no estés trabajando. Con la mentalidad del salario, para obtener más dinero en efectivo, o tienes que trabajar más o tu empleador tiene que darle más valor a tu contribución para incrementar tus ingresos.

En cierto punto, eso se vuelve imposible para todos en este planeta. Si inviertes sabiamente, llegará un punto en el tiempo cuando ya no contribuyas a tus inversiones porque ese dinero generará ganancias por sí mismo, con poca o ninguna contribución de tu parte. Cuando eso suceda, ya no necesitarás contribuir más al capital humano al que has estado aportando y cuando llegue el momento, y ya no seas capaz de contribuir, tu dinero seguirá ingresando.

Valor neto

Entonces, ¿cómo calculas tu valor neto real y obtienes todo esto desde un comienzo? Calcular tu valor neto es bastante fácil. Simplemente agregas el valor de todos tus activos y le restas todo el dinero del que dispones. Lo que queda es tu valor neto. Si tienes un balance negativo significa que posees más de lo que tienes, luego tendrás que dar unos pocos pasos antes de poder comenzar a invertir realmente. Esto podría significar pagar algunas deudas o recortar el gasto en algunos hábitos.

Calcular el valor de tus activos puede resultar un desafío, nuestras casas, vehículos, joyas y otros objetos de valor podrían agregarse al total de su valor neto; y tendemos a valorar por encima de su valor de lo que otros lo harían. Sin embargo, debido a que no están en forma líquida, se los considera activos no materializados. En otras palabras, no podrás tener ventajas de su valor hasta que los vendas.

Si esto parece mucha tarea, aquí están los recursos que puedes utilizar para tener asistencia. Las aplicaciones que se pueden encontrar en Mint.com pueden hacer todo el trabajo de cálculo para ti. Todo lo que tienes que hacer es ingresar la información específicay ya estarás listo para arrancar.

Una vez que tu valor neto está determinado es fácil ver cuánto dinero tienes que invertir. Una regla de oro consiste en no invertir nunca más de lo que estás dispuesto a perder, pero ni siquiera serás capaz de hacerlo hasta que seas consciente de qué fondos extra posees.

Existen muchas formas de incrementar tu valor neto. Puedes apartar más dinero, aumentando tus ingresos regulares o cancelando una deuda. La mayoría de las personas no se da cuenta que reducir los gastos es una de las formas más básicas de incrementar el valor neto. Reducir el número de salidas a comer afuera o realizar visitas al shopping cada mes puede hacer mucho la diferencia en el valor del total de gastos a lo largo del tiempo.

También puedes comenzar a establecer un objetivo significativo a largo plazo, pero asegúrate de crear un manojo de pequeños objetivos para poder alcanzar el objetivo más importante. Si decides que quieres alcanzar al menos un millón de dólares antes de jubilarte, podría llegar a parecer una meta inconmensurable, pero si te propones obtener cantidades menores como $1000 el primer año, $5000 al siguiente y $10000 más adelante.si aprovechas la ventaja de esas oportunidades de inversión que te permiten componer tu inversión a lo largo del tiempo, parecerá mucho más probable hacerlo y tal vez te de ánimo para seguir luego de haber empezado.

El primer pequeño paso que necesitas dar es crear para ti mismo un fondo de emergencia. Aquí es donde dejas dinero aparte para gastos inesperados. De esta manera, reduces la probabilidad de adquirir otra deuda si algún evento inesperado surge. Si tu auto se rompe, por ejemplo, sacarás dinero del fondo de emergencia antes que utilizar la tarjeta de crédito. De hecho, algunos expertos en finanzas sugieren que establezcas un fondo de emergencia aún antes de comenzar a pagar tus deudas.

Aunque vivas con ingresos limitados, aun puedes hacer esto. Puede significar que tienes que vender algunas de tus posesiones o reducir el gasto de tu lugar de comida rápida favorito; pero esta clase de sacrificios demuestran que estás trabajando para construir tu valor neto y no te estásenfocando en el valor del dinero. En forma ideal, querrás ahorrar entre tres a seis meses de gastos cotidianos para tu fondo de emergencia, y así tendrías algo a lo que recurrir en caso de que algo inesperado suceda.

Si lo explicado anteriormente ya lo has hecho, es tiempo de comenzar a tomar algunas decisiones sobre inversión más serias. Con una menor cantidad de deuda, tu valor neto parece mucho más significativo. A partir de aquí es donde se nota que incrementar el valor neto se pone interesante.

Para empezar, nunca tomes un punto de vista a corto plazo al invertir. Aquellos que tengan como único propósito enriquecerse rápidamente generalmente toman decisiones nefastas y terminan perdiendo mucho más de lo que invirtieron. Pero si planeas bien e investigas para tomar tus decisiones sobre inversión consistentemente a largo plazo podría generarte intereses impresionantes.

Fondos de índice

Una opción de inversión que es muy significativa para empezar una inversión a corto plazo son los fondos de índice (IndexFund en inglés). Estos instrumentos financieros han sido herramientas muy efectivas para los inversores novatos. De hecho, se han vuelto tan populares que más del 20% de cada dólar invertido en el país ha encontrado su vía dentro de los fondos de índice.

Para comprender totalmente qué es un

fondo de índice primero tienes que entender qué es un índice. Este consiste en una serie de reglas creadas para delinear cómo constituir el portfolio de inversión de un individuo. Ciertas acciones y bonos que encuentran un criterio dado son seleccionados y agregados a este índice.

Por ejemplo, tal vez no te des cuenta que el Promedio Industrial Dow Jones es un fondo de índice. Es un conjunto de 30 acciones super seguras que se consideran esenciales para la salud de la economía nacional de Estados Unidos. Cualquier acción que esté incluida en este promedio es elegida por un comité de editores del *Wall Street Journal*.

Otro índice del que probablemente has escuchado es el 'Estándar y Pobre 500' (Standard and Poor's 500 en inglés). Estos son instrumentos perfectos para inversores novatos porque no tienes que investigar cada acción para determinar su potencial para hacer dinero. Estos índices ofrecen beneficios mutuos, incluyendo pagar menos comisionese impuestos.

Se podría fácilmente componer los ahorros de impuestos y mantenerlos en tu propio 401(k) o IRA. Esto sería dar un primer paso en el mundo de las inversiones y obtener intereses significativos si decides mantenerlos por un tiempo largo.

Efectivo

Luego de los fondos de índice existen millones de otras formas de inversión para considerar. Discutiremos algunas brevemente, comenzando con las más fáciles, y en capítulos posteriores analizaremos muchas más con mayor detalle.

Comencemos con el efectivo.

La mayoría de las personas no piensan en

el efectivo como una herramienta de inversión, pero para los nuevos inversores es la más accesible. Todos saben qué es y lo que todos buscan. Generalmente, si ésta es la primera incursión en el mundo de las inversiones, es probablemente el único activo que tienes en tu portfolio.

Los activos en efectivo están expresados no sólo en dólares y monedas. Pueden tener forma de notas de banco, cuentas bancarias, y cuentas de dinero en el mercado. Las inversiones que involucran efectivo son de bajo riesgo y están las opciones preferidas por quienes poseen un ingreso fijo.

Por supuesto, el lado oscuro de las inversiones en efectivo significa que no hay almohadones que te protejan por momentos de la inflación, y los intereses no son suficientemente significativos para mantener tu poder adquisitivo, considerando que hay momentos en que los aspectos negativos de las inversiones en efectivo pueden superar los positivos.

Sin embargo, todos necesitamos tener algo de efectivo apartado en una cuenta de ahorro, donde existe mayor liquidez para queen una emergencia se pueda acceder al efectivo sin mucha dificultad.

Generalmente, una cuenta de ahorro pagará un mayor interés en promedio que una cuenta de cheques. Sin embargo, el banco puede imponer ciertas restricciones atu dinero. Tal vez estés limitado en cuánto puedes retirar y con cuánta frecuencia. Si estás utilizando una cuenta de ahorro limitada en el tiempo, hasta puede que tengas que pagar multas si decides retirar el dinero antes en caso de emergencia.

Este suele ser el caso con los Certificados de Depósito *(CD). Este es un tipo de cuenta de ahorro donde el dinero se deposita durante un período de tiempo predeterminado* (1-5 años). Estos suelen pagar un alto porcentaje de interés, pero se pagará un precio alto si quieres retirar el dinero antes del tiempo indicado.

Con las inversiones en efectivo, tal vez necesites que estén aseguradas en la Corporación de Seguros de Depósito Federal (Federal DepositInsuranceCorporation en inglés),lo cual no significa que la cantidad total de tus depósitos esté asegurada.Cada cuenta está cubierta por un máximo de $250,000. Si eliges estos instrumentos de inversión, se recomienda poner más de esta cantidad en cualquier cuenta. Si el banco falla, se vuelve insolvente, o afronta cualquier otra devolución negativa se perderá cualquier cantidad de dinero invertida allí. Una vez que los activos crecen más que esa cantidad querrás mover el exceso a otra cuenta, preferentemente en otra institución para asegurarte de que esté protegida.

¿Contratarías un asesor financiero?

No hay duda que invertir por primera vez

asusta. Cuanto más se aprende sobre lo que puede suceder con las inversiones en dólares, más te das cuenta de lo que no sabes. Quienes invierten por primera vez no se sienten cómodos confiando en sus instintos. Pueden sentir que el riesgo es demasiado alto y prefieren contratar un asesor financiero.

Pero otros pueden preguntarse si su decisión es sabia. Después de todo, los asesores financieros generalmente se cargan con tu portfolio ya sean valores con porcentaje total o parcial cada año. Esto podría significar un gran porcentaje de los intereses. ¿Realmente valen el dinero?

Por supuesto, esta es una decisión personal que hay que tomar. Sin embargo, de acuerdo a algunos informes, llamar a un asesor financiero puede darle un incremento significativo a los intereses de tu inversión. Con la ayuda de un asesor financiero, podrías alcanzar el 3% de tus ganancias anuales.

Por otro lado, no todos se sienten cómodos al poner sus activos en manos de un extraño. Las estadísticas muestran que sólo una cuarta parte de los inversores se sienten lo suficientemente seguros para dirigir sus propias inversiones. Existen personas que genuinamente disfrutan del juego de las inversiones. Siguen religiosamente los mercados y disfrutan armar sus proyecciones financieras. A su vez son extremadamente disciplinados y no permiten que sus emociones los gobiernen e interfieran con sus estrategias de inversión bien planificadas.Las tres cuartas partes o 75% de los inversores que son nuevos en el juego y tal vez no tienen la suficiente voluntad para manejar su portfolio por su cuenta dependen de un asesor.

Si bien puede que no estés interesado en ser un asesor que pueda ayudar y guiar a otros para desarrollar sus mejores opciones, pocas personas se dan cuenta que aún pueden ayudar a nuevos inversores al asumir un rol de asesor de inversión. A medida que se aprende el oficio, un asesor financiero puede ser un gran hombro donde apoyarse, enseñando cómo controlar adecuadamente miedos y emociones; al igual que mostrar cómo hacer la investigación necesaria para poder tomar buenas decisiones.

La decisión dependerá en gran medida de muchos factores. Primero, ¿puedes afrontar el pago de su comisión para que el asesor manejetu propio portfolio? Y segundo, ¿puedes confiar en tus habilidades a medida que te adentras en este territorio poco familiar? Ten en mente que los nuevos inversores suelen tomar decisiones difíciles – aprovechando una buena inversión justo antes de que se vaya, sin saber cómo comprender los mercados apropiadamente. La ayuda de un buen asesor financiero podría ser instrumental para evitar las fallas comunes a menudo experimentadas por los novatos.

¿Cómo enfrentar los riesgos?

Enfrentemoslos riesgos. En este ámbito el riesgo es un gran jugador. Ya sea que decidas invertir en acciones, bonos, fondos mutuos, bienes raíces o metales preciosos, siempre hay probabilidades de que el dinero pierda su valor.O peor aún, también existe la probabilidad de que todo resulte totalmente al revés. El hecho es que no hay inversor que nunca haya perdido nada basado enalguna de sus decisiones, pero eso no significa que tu plan de inversión esté condenado al fracaso.

Primero, realmente tienes que lidiar con el riesgo. Cuando se hace una inversión estás decidiendo qué hacer con tus acciones, pero nunca estás seguro de cuál será el resultado exactamente. Todos los números pueden estar apuntando hacia un interés positivo y a último momento algo sucede, y todo colapsa fácilmente.

Hay quienes destacan que invertir es

riesgoso porque los precios no son consistentes, estos fluctúan hacia arriba y abajo a diario, y cuanto más volátil y riesgosa es la herramienta de inversión, más fluctuará el precio. Aunque la caída del precio no significa que la decisión sea mala. Podría ser provocada por las actuales condiciones del mercado o el resultado de una decisión administrativa para expandir el negocio, caer en más deudas o emerger cambiándole de nombre a la compañía. Esto podría ser el resultado de decisiones gubernamentales si estás invirtiendo en una oportunidad en otro país.

En pocas palabras, el riesgo es la posibilidad de que obtengas un resultado negativo que pueda afectar tus inversiones en dólares. El objetivo no es eliminar el riesgo – para ello, tendrías que tener control sobre todo lo asociado con tus inversiones, lo que es literalmente imposible – hay que minimizar ese riesgo a un nivel que puedas tolerar.

Hay muchas maneras de hacer esto. Primero, conoce tu promedio de riesgo/beneficio antes de empezar. El beneficio es lo opuesto al riesgo: es la posibilidad de que habrá un resultado positivo para tus inversiones. Observemos el mercado de valores, por ejemplo. Históricamente hablando, los riesgos son altos cuando inviertes a corto plazo. Generalmente, quienes eligen invertir en acciones a largo plazo reciben un promedio alto de intereses anuales con respecto a quienes se enfocan a corto plazo (cerca del 10%). Segundo, están quienes invierten en bonos corporativos (6% promedio), bonos del Tesoro (5.5%), y letras del Tesoro (3.5%).

Por supuesto, estos son promedios industriales y no presentan ninguna garantía específica, pero muestran un índice que describe qué inversiones tienen menor riesgo y cuánto tiempo podrías tener que esperar para ver resultados positivos.

Mientras que estos porcentajes pueden

ayudarte a decidir si quieres correr el riesgo, no siempre es fácil saber qué hacer. Hasta las opciones fuertes e históricamente rentables pueden venirse abajo sin advertencias. También es necesario considerar cuidadosamente el ritmo de tus inversiones y las comisiones que estén asociadas alas mismas. Recuerda la regla básica de la inversión es comprar bajo y vender alto. Esto significa que no deberías sólo levantarte una mañana, lanzar el dinero a algún lugar y esperar que te dé intereses. Este tipo de decisiones compulsivas casi siempre terminan en intereses bajos.

Comprar cuando la mercancía está alta y cuando hay muchos intereses seguramente empujará el precio hacia arriba. Tal vez aprendas que estás comprando en un momento en que el precio se está por disparar, lo cual incrementará tu riesgo. Si eso sucede, tendrás que esperar mucho tiempo para que el precio se recupere, si alguna vez lo hace. Es posible que el precio nunca vuelva a ese punto nuevamente y habrías perdido una parte significativa de tu dinero.

Hay un arte delicado de percibir el ritmo de los mercados, tienes que caminar sobre una línea delgada entre lidiar con las subas y bajas a largo plazo o saltar a cada instante con el movimiento de los precios. La vida es impredecible, y necesitas prepararte para esa volatilidad antes de empezar. Mientras que nunca puedes eliminar completamente el riesgo, hay algunas cosas que puedes hacer para manejarlo:

Asignación de activos.
Asegúrate que el portfolio de tus inversiones posee una colección de activos que distribuirá tu riesgo en diferentes industrias. Incluyendo diferentes tipos de activos en tu inversión (bienes raíces, bonos, acciones, etc.), cuanto más bajas tus chances en una industria que cae a corto plazo según tus expectativas más dinero se llevará también. No coloques todos los huevos en una sola canasta.

Diversificación.

Aún dentro de las clases de activos, no coloques todo tu dinero en un solo lugar. Por ejemplo, si inviertes en los bienes raíces, evita colocar todo tu dinero en casas. Considera invertir en 'Real Estate InvestmentTrust (siglas en inglés REIT)', Fondos de Inversión en Bienes Raíces, o en propiedades en alquiler, alquiler para vacaciones, etc. Al esparcir tus inversiones a través de variedad de lugares, te aseguras que al menos algunas de tus opciones serán rentables.

También podrías considerar invertir en otro tipo de activos para compensar las pérdidas acumuladas en otras inversiones. Esto podría proporcionar seguridad y darte medios adicionales de administración de riesgos. En definitiva, no hay garantías cuando se trata de inversiones, pero sí una mejor comprensión de cómo reducir la exposición a los riesgos.Puedes ingresar al mercado con los ojos abiertos y tomar decisiones más inteligentes que tener un mejor potencial para incrementar las ganancias.

Enfrentar la realidad

Para los principiantes invertir puede resultar atemorizante, trabajas duro por tu dinero y puede llegar a ser contraproducente exponerse al riesgo. Sin embargo, ya hemos aprendido que de todas maneras está en riesgo ya sea que inviertas o no. Esta es la realidad de la vida, y necesitas estar preparado. Una de las formas más efectivas de entender esto es retirar las emociones de la ecuación.

Si decides invertir en el mercado de valores, por ejemplo, verás el precio de la acción subir y bajar como un yo-yo. Tu impulso natural será sacar tu inversión tan rápido como puedas. Sin embargo, debes tener un enfoque más práctico y productivo con tus decisiones de inversión. Debes tener una mirada más realista de los mercados. Es insólito cómo los nuevos inversores saltan a invertir a un precio alto y venden al precio más bajo. Esto sucede porque creen los datos de los medios o caen envueltos en la fiebre del MAP – Miedo A Perder. Este tipo de inversión emocional puede ser evitada sólo teniendo algunos conceptos básicos en mente.

Como posiblemente hayas entendido, el ritmo es importante cuando se trata de invertir. Suele haber un período de latencia entre el momento en que el evento sale por los medios de comunicación y el momento en que el evento sucede. Ten en mente que los informes de la prensa se publican una vez que ya sucedieron. A menos que se espere que se extienda, tu inversión estará probablemente en una fase de recuperación para el momento en que escuchas las noticias. Entonces, no hay necesidad de tener una reacción de acto reflejo nervioso cuando escuches noticias negativas.

Considera utilizar el promedio de costo en dólares. Esta estrategia te permite invertir sumas iguales a intervalos regulares. Es un enfoque de inversión efectivo en cualquier condición de mercado ya que la cantidad de inversiones está promediada sobre la vida de las mismas. Entonces, cuando los precios estén altos, comprarás menos; cuando los precios estén bajos, comprarás más. Tendrás ventaja sobre las bajas tendencias al comprar más, y obtendrás mayores intereses cuando los precio suban nuevamente.

Al mismo tiempo, cuando los precios coticen alto, cualquier parte de tu inversión que hayas comprado durante la tendencia en baja estará produciendo mayores ganancias de capital, y mientras aún estas comprando a un precio alto, sólo estarás comprando poco mientras ganas los beneficios de los precios bajos. El secreto del éxito con el promedio de costo en dólares es mantenerse en el camino sin importar lo que esté pasando. Cuanto más te involucres con las entradas y salidas del mercado, más dinero arriesgarás.

No siempre es fácil abstenerse de las emociones al invertir, especialmente por tu apego al dinero. Sin embargo, la historia muestra que cuanto más emocional te pones con respecto a tu plan de inversión, probablemente más errores cometes y por ende puedes incurrir en más pérdidas. La volatilidad y los factores múltiples que pueden afectar cualquier mercado despiertan temores, pero recuerda que cuanto más tiempo te tomas en entender menos emocional estarás con respecto a eso.

Al adquirir un enfoque realista, tus estrategias de inversión toman la forma para pagar las deudas. Es simplemente parte de la vida real, y si puedes separar esos sentimientos internos de tus decisiones, tendrás muchas más chances de éxito.

Capítulo 3: Unas palabras sobre seguros

Puede resultar difícil de entender porque es necesario pagar un seguro. Para algunas personas, podría parecer que sólo estás tirando el dinero, pero la verdad es que el seguro forma parte esencial de las inversiones. Si bien pueden pasar meses o años sin que nada cambie demasiado, comprar un seguro es una inversión sobre el activo más importante que tienes: tú mismo.

Tal vez hayas trabajado mucho para construir una posición financiera agradable como medio para proteger tus activos, y tiene sentido que quieras protegerlos. Los accidentes y los desastres no son situaciones planeadas y pueden suceder en cualquier momento. Si no estás asegurado adecuadamente, podría significar que pierdas todo por lo que has trabajado durante años, quedando en la ruina financiera.

Para cuando hayas alcanzado tus cuarenta

años, ya habrás construido una buena cantidad de activos que querrás proteger. Es extraño cómo la mayoría de las personas pelearán hasta morir si un ladrón entra en sus hogares y trata de robarse una de sus más preciadas posesiones, pero cuando se trata de proteger lo mismo de desastres y sucesos inesperados, parecen no comprender que es lo mismo.Puedes tener la certeza que puedes asegurar prácticamente cualquier cosa que posees, pero hay algunos conceptos esenciales que nadie debería dejar de lado.

Tiposdeseguro que cualquiera necesita

Los seguros que todos deberían tener son seguros de vida, salud y propiedad. Esto es lo mínimo que hay que tener cubierto cuando se trata de proteger activos.

Seguro de vida

La mayoría de las personas entienden la

importancia de tener un seguro de vida. Cuando eres joven, sueles sentir que esta es una inversión que puede posponerse, y mientras es poco probable que te preocupe caerte muerto de ataques cardíacos y embolias, incluso los jóvenes de nuestro mundo moderno pueden encontrar su fin mucho antes de lo que imaginaban. Pero si has llegado a tus cuarenta, esta inversión se vuelve más evidente.

Hay muchos factores diferentes a considerar cuando tratas de decidir qué seguro de vida necesitas. Si ya tienes un seguro de este tipo, está bien, pero también tienes que considerar si puedes encontrar la misma cobertura a menor precio. Recuerda, la riqueza comienza con cuánto dinero puedes contener, no cuánto ganas. Si tuvieras tu póliza por un momento, también querrías considerar si tu estilo de vida ha cambiado – tal vez necesita acomodarse. O puede ser que quieras agregar otro beneficiario o cambiar el que tienes.

Otros factores que podrían impactar en tu seguro de vida son los siguientes:

- Los resultados de un examen médico.
- Los detalles de tu período de espera.
- Los tipos de seguro de vidaque posees (terminal, vida entera, o vida permanente.)

Hay algunas pólizas que tienen una opción de inversión adherida a la misma. Para el nuevo inversor, obtener una póliza que invierte en una porción de tu prima podría ser un modo rápido y fácil de hacer dinero.

Seguro de salud

De todas las pólizas de seguro que puedas llegar a necesitar, el seguro de salud es probablemente el único que pone los nervios de punta. No es barato, y es el que más fácil piensas que no quieres tener. Tiene un costo mensual alto, y también puede que se agreguen costos en caso de necesitar asistencia médica.

Por esta razón, muchas personas deciden no acceder a un seguro de salud. Piensan que si están saludables, no se pueden dar el lujo de tener ese gasto; se imaginan que si surge un problema de salud, pagarán por el mismo. Sin embargo, este podría ser un grave error, especialmente para quienes estén entrando a la mitad de su vida.

Los tratamientos médicos son costosos, y un problema de salud inesperado podría literalmente dejarte en bancarrota. Sólo basta una emergencia médica para dejarte bajo una montaña de deudas sin una salida provechosa. Esto suele suceder por los costos médicos exorbitantes pero también se agrega el hecho de que has perdido tu capital humano; incapacitado, no podrás trabajar. No sólo tienes que lidiar con la recuperación de tu salud y los costos asociados a la misma, tal vez te encuentres en una situación de no poder generar ingresos por un período de tiempo largo.

Además, el seguro de salud conlleva un aspecto legal, ahora es obligatorio bajo el 'Acta de cuidados asequibles' (AffordableCareAct en EEUU), así que probablemente tengas que enfrentar multas si no lo tienes. En definitiva, el seguro de salud no es una opción. Para proteger tus activos más valiosos, es un deber asegurar que todo el trabajo que realizas para generar ingresos y capital al planificar la inversión no se perderá debido a un pequeño traspié de tu parte.

Seguro de propiedad

Finalmente, necesitas considerar acceder a un seguro de propiedad. Tus inversiones pueden tomar muchas formas. Dejar dinero aparte para hacer grandes compras como una casa, o un automóvil son probablemente los gastos más grandes que las personas tienen que enfrentar. Aun así, estas cuestiones son siempre riesgosas de una manera u otra.

Tener una buena propiedad, un vehículo o alguna otra clase de seguro es esencial. Mientras somos jóvenes generalmente no poseemos esos activos tan costosos, pero a medida que crecemos, comenzamos a ver el valor de estas cuestiones. Un incidente podría literalmente hacer plumear años de trabajo duro y compromiso que llevó a adquirir todo.

Si lo piensas profundamente, invertir te lleva a pensar en acciones, bonos, monedas y cuestiones por el estilo. Mientras que estos son aspectos importantes de tu portfolio de inversión, es mejor considerar estas opciones *luego* de haber asegurado la protección de estos activos que ya hayas adquirido. Tu objetivo es mantener tanto dinero como puedas, de forma tal que no corras el riesgo de perder nada de esto porque falles al proteger lo que ya tienes.

No es suficiente tener un seguro; deberías

revisar tus pólizas regularmente, asegurándote completamente que tienes una cobertura adecuada para todo. Si le sumas a tu hogar, siempre te asegurarás que la póliza del dueño está actualizada. Si le sumas un nuevo uso a tus electrodomésticos, asegúrate de que esté incluido en tu cobertura de seguro. Al hacer todo esto, te aseguras de estar en un marco mental de inversor, y estás listo para dar el próximo paso en tus inversiones.

Cómo utilizar el seguro para incrementar la riqueza

Pocas personas entienden realmente cómo tener un seguro puede funcionar de maravilla al ayudarte a incrementar tus riquezas. De hecho, algunos asesores se refieren a ello como las 'cuentas más sagradas'. Así que miremos cómo el seguro puede ayudarte a retener tanto como el 40% para tu ingreso a largo plazo. Existen muchas buenas razones porque deberías querer considerar construir tu riqueza de esta manera:

Cualquier dinero que inviertasen la póliza de seguro de vida no tiene que ingresar al sistema impositivo de nuevo. Por lo tanto, puedes evitar pagar una suma considerable de impuestos.

Con la póliza adecuada, es menos probable sufrir cualquier pérdida a largo plazo.

Cuando tu dinero está almacenado en una póliza, es más solvente. Esto significa que puedes tener fácilmente acceso a al menos el 70% de tus fondos en cualquier momento dado, sin miedo de exponerte a los impuestos, multas para extracciones tempranas o comisiones.

Hay muchas cuestiones que considerar cuando estás tratando de construir tu riqueza utilizando un seguro. Primero, tienes que hacer investigación para saber que estás haciendo una buena elección al comprar tu seguro. Tómate el tiempo de revisar todo lo que esté disponible para ti.

La compañía en la que decides trabajar debería demostrar fortaleza financiera, una historia sólida, pago de dividendos regulares, etc.

Sería ideal que encontraras una compañía que fuera una mutual, lo que significa que la propiedad primaria está en manos de quienes poseen las pólizas, no de los accionistas. Esto es importante ya que te proporciona la habilidad de participar en los beneficios de la compañía por medio del pago de dividendos. Querrás encontrar una compañía que tenga promedios financieros altos e excelentes informes de clientes.

La compañía tiene que tener una significativa historia que la respalde. Un estudio de su historia debería mostrar si es consistente con sus tratos comerciales,las que cumplan con este criterio están en una lista corta con un registro rastreable que tiene cientos de años o más.

Segundo, querrás examinar la póliza, ya

que estás buscando una póliza de seguro de vida completa. Esto te permite acumular dividendos, y también te da una garantía que tus primas no crecerán a lo largo del tiempo – un plan donde puedas invertir tanto como te permita la ley dentro de la póliza.

Obtén un seguro de vida a término. Agregando esto a tu póliza puedes dilatar artificialmente el valor de la póliza para que puedas contribuir más sin temer a cuestiones impositivas más adelante. Te dará un medio más rápido de acumular tus intereses para que puedas cosechar los beneficios sin temer las represalias.

Es importante que ahorres cuanto te sea posible, sigue la regla del 40% basada en estadísticas pasadas; el 1% de las personas más ricas del planeta ahorran hasta el 40% de sus ingresos ante los impuestos.

Si puedes utilizar esto como punto de referencia, grandioso, pero si tanto no te parece posible, no te preocupes. Trata de invertir al menos el 10% y construir a partir de allí a medida que el tiempo pase.Por supuesto, esta decisión no depende sólo de ti. La compañía de seguro tendrá que examinar tus finanzas, y determinarán la cantidad máxima, puedes decidir cuánto colocar en este tipo de inversión.

Invertir en seguros puede resultar complicado, así que es importante que obtengas el seguro adecuado representativo para ti. En forma ideal, quieres alguien que pueda trabajar dentro de tus objetivos y expectativas. Si no pueden estar a la altura de tus expectativas, te encontrarás a ti mismo trabajando con alguien cuyo sólo interés es venderte más seguros.

Lo creas o no, hay mucho dinero que se puede obtener de los seguros. Es una opción de inversión fácil y de bajo riesgo, pero aun así debes tener cuidado al elegir una compañía y un agente que quiera trabajar contigo para crear un plan de trabajo, permitiéndote invertir de alguna manera que te ayude a acumular riqueza en los años laborables que te quedan.

Capítulo 4: Aprendiendo sobre patrimonio neto

Una de las primeras cosas que hay que aprender sobre las inversiones es que hay muchas formas de generar incremento de dinero. Las opciones sobre las que has escuchado algunos términos diferentes en los medios y también dentro de la oficina donde trabajas. Tal vez sepas que son herramientas de inversión, pero no estés seguro exactamente cómo funcionan.

El patrimonio neto es una de esas opciones de inversión que confunde a muchas personas. Invertir en patrimonio neto es muy similar a invertir en acciones. De hecho estás comprando una pequeña parte de la compañía y, como resultado, tienes derechos a cierta parte de los beneficios compartidos, que tal vez se pagan en forma de dividendos o como una recompra donde la compañía te compra de vuelta sus propias acciones.

La compañía tiene la opción de reinvertir

sus beneficios de vuelta en su propio negocio más que comprar de vuelta las acciones o pagar un dividendo. En ese caso, ganarías tus beneficios a través de un incremento en el valor de tus acciones.Algunos se preguntarán, ¿Por qué invertir en patrimonio neto? Se comportan exactamente de la misma manera que una acción, entonces, ¿dónde radica la diferencia y qué importancia tienen?

En realidad, no existe ninguna diferencia entre una acción y un patrimonio neto en términos de rendimiento. Aunque los inversores pueden comprar un interés de patrimonio neto en la compañía para que puedan compartir los beneficios comunes. La compañía se beneficia porque es un modo de incrementar el capital sin endeudarse.

El patrimonio neto, por otro lado, abarca un concepto más amplio. Cuando se poseen acciones patrimoniales generalmente se refieren a poseer un valor real en activos particulares o en el negocio. Se puede poseer patrimonio neto en un negocio, en bienes raíces o en forma de acciones. Simplemente que la inversión en acciones es sólo un tipo de patrimonio neto que puedes poseer. En resumidas cuentas, el patrimonio neto se puede utilizar para referirse al valor combinado del patrimonio y las responsabilidades, que conforman el valor total de los activos.

Hay muchas formas de analizar los intereses de los patrimonios para determinar si es una buena inversión. El método más común es observar el índice del patrimonio, que es una colección de acciones de compañías individuales. Probablemente ya hayas escuchado sobre algunos de los índices más populares. El índice estándar y pobre 500 (Standard and Poor's 500) es una lista de las compañías más grandes del país (FFUU). Está elaborada en base a la capitalización de cada compañía en el mercado, entonces la compañía más grande, cuanto más peso tenga mayor índice tendrá en la lista.

También hay un índice diario de interés

que permite evaluar el rendimiento de un índice en un solo día. Estos cálculos están determinados basados en los resultados de cada acción individual que figura en la lista. Este tipo de interés puede incluir cálculos con o sin dividendos. Si se excluyen los dividendos de los cálculos, se refiere a ello como un precio de retorno. Si está incluido, se llama un interés neto o interés bruto. En forma ideal, se quiere observar que el precio de interés muestre los intereses que recibirás de poseer un patrimonio en particular.

Si analizas los intereses de la lista previa en el período histórico que se comprendede 1957 a 2017, notarás que el interés de la inversión estaba cerca del 10.2%. El promedio inflacionario de la nación en el mismo período era de aproximadamente el 3.7% por año. Este es un buen indicador del índice de rentabilidad.

También querrás observar la posible exposición al riesgo. En general, esto está determinado por el rango de precios volátiles, ya sea a diario, por semana o mensualmente; yestudiar la volatilidad (o el promedio del movimiento del precio) sobre cada período para ver cuanta fluctuación podría llegar a tener.

Otra medida para estudiar cuidadosamente el máximo retiro de activos mide los resultados basados en las compras y ventas en el peor punto posible. Por ejemplo, supongamos que un inversor tiene que comprar un patrimonio neto justo antes de una crisis financiera y luego venderlo en el punto más bajo. Mirando su historia, mostrar estos posibles peores escenarios te proporcionará un patrón que indica qué período era el ideal para las inversiones y cuales intereses no lo eran. Se puede administrar este tipo de resultados a largo o corto plazo y utilizarlo para determinar los mejores puntos para entrar o salir del mercado.

De todos los índices patrimoniales de los que elegimos, el Estándar y pobre 500 es el más viejo y reconocido, pero no es el único – hay cientos de índices de los cuales elegir. Los puedes encontrarbasados en geografía, sector y hasta clasificación. Cada índice tiene dos funciones:

1) Otorgan una manera fácil y claramente definida de comprender cómo generar riqueza.

2) Funcionan como un punto de referencia para un número de productos activos de inversión.

Los índices geográficos incluyen solo aquellas compañías que están ubicadas dentro de un único país o región. Al comienzo, tal vez sólo estés interesado en esas compañías que encuentras en tu lugar de origen. Mientras que este tipo de tendencia a elegir ubicaciónes bastante normal, ya que es más fácil entrar en el juego de las inversiones, finalmente querrás proteger tus inversiones al diversificar y ramificar hacia afuera en otras áreas también. Históricamente, se ha comprobado que cuando la economía en un área comienza a debilitarse, otras áreas comienzan a fortalecerse. Al diversificarse y expandirse los dólares de tus inversiones a otras regiones, puedes capitalizar sobre este fenómeno natural.

Los índices del sector son aquellos patrimonios netos que están agrupados por sectores o industrias específicas. Existen algunos sectores que tienen retiro de intereses máximos muy pequeños. A estos se los considera sectores defensivos, así que es poco probable que estos pierdan su valor cuando el mercado cambia.

Los índices de estilo son los patrimonios que están clasificados basados en el alcance de un índice. Estos pueden estar basados en la capitalización de mercado de la compañía, y ser índices de alta, media y baja capitalización. Podrías también encontrar índices de crecimiento, que muestran aquellas compañías que tienen un promedio de crecimiento mucho más rápido que las otras compañías más comúnmente conocidas.

Otros tipos de índice incluyen cómo la compañía rinde en ese aspecto u otros factores. El quid de la cuestión aquí es que existen cientos de índices de los cuales elegir, y puedes comprar un patrimonio basado en muchos parámetros que se pueden auto-establecer. De hecho, los nuevos índices de patrimonio entran al mercado con un promedio extremadamente rápido, entonces lo que hoy en día es inalcanzable, tal vez mañana sea alcanzable.

Productos de inversión

Un tema recurrente en todos los círculos de inversión es cómo diversificar. Hay muchas maneras en las que puedes diversificar tus productos de inversión para maximizar tus intereses potenciales y reducir tu nivel de riesgo. Cuando estás invirtiendo en patrimonio, existen tres métodos diferentes de inversión que puedes intentar:

Inversión activa
Inversión pasiva
Inversión directa

¿Qué método elegirías si tuvieras que basarte en el tipo de índice que probablemente te diera más interés del que esperas? También podrías considerar la cantidad de tiempo y esfuerzo que quisieras lograr para tu estrategia de inversión.

Un fondo de patrimonio neto activojunta dinero de los inversores individuales y lo invierte a su favor. Como inversor, deberías suscribirte al fondo y reclamar tus intereses cuando te retiras. Estos suelen estar administrados por gerentes del fondo quienes son responsables de tomar todas las decisiones a favor de sus clientes. Usualmente, tendrás que pagar la comisiónpara un inversor que se dirige al administrador del fondo. También tendrás que pagar una comisión de rendimiento que está basada en cualquier fondo que esté por encima del punto de referencia. Otras comisiones podrían también estar asociadas con las inversiones de este tipo de fondos.

Con estas comisiones asociadas, querrás estar seguro que tus intereses sean suficientes para cubrirlo cuando te retires del fondo. Puedes invertir en este tipo de patrimonio a través de tu sistema de operación bancaria online o comenzar un plan de inversión mensual con inversiones periódicas programadas para pagarle al fondo automáticamente.

El patrimonio pasivo funciona de forma similar a los índices activos, pero rastrean el interés de forma diferente. El patrimonio activo intenta superar el rendimiento de los índices históricos, mientras que los fondos pasivos intentan acercarse tanto como sea posible a su rendimiento. También hay costos asociados con estos índices, pero tienden a ser considerablemente menores que los fondos activos.

Estos fondos no requieren un equipo sofisticado de administradores, sólo un administrador o custodio que monitoree el fondo. Hay una comisión de administración que se le da al administrador del fondo, y tal vez haya o no comisiones adicionales para suscriptores y/ o redenciones. Asegúrate de elegir un fondo que tenga un mínimo de gastos. Los índices pasivos generalmente tienen una cantidad mínima de inversión que podrían probar ser importantes, entonces si planeas invertir pequeñas cantidades, tal vez sea inteligente elegir otra opción hasta que hayas incrementado tu capital.

Fondos cotizados en bolsa (Exchange TradedFunds, siglas en inglésETF)

Estos fondos son simplemente otro tipo de índice pasivo, el fondo invierte en las compañías que están definidas por un índice específico. La diferencia entre ETF y los fondos mutuos es que los primeros no tienen suscriptores o redenciones. En cambio, los inversores compran o venden los ETF en el mercado de valores. En estos casos, se tendrá una comisión y en cambio se pagará el diferencial de compraventa. Mientras que tus objetivos permanecen igual, quieres minimizar tus gastos; con estos fondos cotizados en bolsa, el costo del comercio necesita ser factorizado en la ecuación como parte de los gastos.

Estos instrumentos tienen tres métodos diferentes de replicación:

1) Replicación completa donde el ETFtiene una inversión de 1:1 en las compañíasque siguen ese índice.

2) Replicación optimizada donde el ETF no invierte en cada compañía de la lista de ese índice (o no con el mismo peso).

3) Replicación sintética donde el ETF no está realmente invirtiendo en el índice en sí mismo. En cambio puede fusionarse con una institución financiera para manejar una parte de la inversión.

De esas tres opciones, muchos asesores creen que los ETF sintéticos deberían ser evitados porque involucran riesgos adicionales asociados con el banco de inversión. Si, por alguna razón, el banco entra en default, puede ser muy difícil rastrear qué es lo que sucede con el dinero. Los inversores toleran perder un porcentaje significativo de su inversión en dólares si eso sucede.

Inversión directa

Muchos inversores individuales han optado por un enfoque de inversión directa. Esto suele suceder a través de agentes de bolsa más que de administradores de un fondo. En dichos casos, se toman todas las decisiones sobre qué acciones comprar y vender por tu cuenta. Al hacer esto, ahorras en gastos administrativos y comisiones de rendimiento y puedes hasta eliminar la necesidad de pagar por un custodio que chequee la actividad de tu fondo.

Al parecer esto parece lo más lógico, definitivamente te ahorrarás las comisiones y otros gastos asociados con el ETF pero, a menos que tengas mucha experiencia y conocimiento sobre estos tipos de inversiones, tu chances de encontrar índices de alto rendimiento podrían ser muy escazas.

Un problema adicional sería la cantidad de capital que tendrías que colocar. Con un agente, el capital de inversión podría ser mínimo, pero como inversor individual tendrías que tratar esto aparte y podría resultar considerablemente alto. Para obtener el máximo de cada transacción, podrías tener que pagar una comisión más alta y realizar mayores transacciones.

Administrar tus propias inversiones podría parecer excitante y divertido,pero tendrías que invertir gran cantidad de tiempo y esfuerzo para tener éxito. Para algunos inversores, las lecciones se aprenden a través de prueba y error, que podría resultar muy costoso. Tendrás que tener fe en tus propias habilidades y tener disciplina emocional para adherirte a tu plan aun cuando las cosas no sean del modo que esperabas.

Entendiendo el concepto de divisa

Al comerciar con el patrimonio neto, encontrarás que muchos te dan la opción de hacerlo en diferentes divisas. Las dos divisas más comunes son los dólares y los euros. Se pueden encontrar en diferentes mercados y divisas así como en diversos rangos de gastos.

Si encuentras el ETF que estás buscando en diversas plataformas de comercio, hay un par de cosas que necesitas pensar. Podrías optar por comprar en una moneda dominante – dólares o euros, por ejemplo. Si eliges invertir utilizando una moneda diferente, deberías hacer toda la investigación basada en los cuadros para esa moneda a medida que su rendimiento sea diferente. Sino, se espera que no seas capaz de obtener resultados fiables cuando midas el rendimiento general de tu inversión.

Otro aspecto a considerar es la cobertura de divisa, que es un medio por el cual se protege la inversión contra la volatilidad que suele existir en el porcentaje de cambio de moneda. Hay muchos tipos de productos de inversión diferente que se utilizancomo cobertura de divisa. Esta es una excelente opción para quienes están limitados a un ingreso fijo. Ten en mente, sin embargo, que la cobertura de divisa no siempre es la mejor opción, ya que la misma existe en el mercado de patrimonio netoy es generalmente mayor que la volatilidad que es común en los mercados de valores del extranjero. Tienes que sopesar los costos de este tipo de cobertura para asegurarte que no estés pagando más y obteniendo menos por tus esfuerzos.

Cómo conocer el ritmo del mercado

Una vez que has decidido que quieres invertir en un ETF, hay un elemento fundamental que debes aplicar antes de entrar en el mercado. Porque este tipo de mercados demuestran una volatilidad increíble, es mejor saber cuándo ingresar y cuándo irse.

Hay beneficios obvios al saber cómo conocer bien el ritmo del mercado. Una inversión perfectamente calculada puede ayudarte a evitar los períodos negativos cuando los precios del mercado decaen y tomar ventaja de aquellos períodos cuando el mercado muestra subas, así podrás obtener intereses bastante impresionantes.

Pero hay muchos otros factores involucrados que entrar y salir del mercado en el momento adecuado. Para capitalizar los beneficios, necesitas una estrategia que te ayudará a identificar los períodos de subas de modo que puedas reingresar al mercado mientras el precio esté bajo y comenzar el ciclo nuevamente.

Asegúrate de calcular todos los costos involucrados cada vez que ingresas y sales del mercado. Necesitas sentir confianza en que ganarás lo suficiente en la suba para obtener beneficios prolijamente y cubrir las comisiones adicionales también. De otro modo, terminarás perdiendo dinero.

Esto podría ser engañoso ya que muchos

informes demuestran que los inversores individuales suelen perder dinero simplemente porque han realizado un cálculo pobre. Mientras que podría haber muchas razones de porque este es el caso, el consenso general es que los seres humanos tienden a involucrarse emocional y psicológicamente al tomar las decisiones planeadas. Esto nos lleva a la pregunta más importante: ¿Existe algún sistema probado que pueda mejorar nuestras chances al calcular los tiempos del mercado más acertadamente?

La respuesta es sí. Existen muchos sistemas que funcionarán en algunas situaciones – pero no en otras. Es mejor comprobar varios sistemas para determinar cuál es el que funciona para tu portfolio en particular. Cada sistema tiene su propio conjunto de parámetros que podrían aplicarse a diferentes factores, entonces lo que puede funcionar para otra persona tal vez no funcione para ti. A medida que inviertes más y más en el mercado, también encontrarás que un sistema que funcionaba mejor para ti en el pasado de golpe ya no está funcionando; tendrás que cambiar tu estrategia para mantener los intereses de tu inversión en su curso.

Una estrategia que ha sido muy efectiva para evitar errores al calcular los tiempos del mercado es desestimarla totalmente. Más que probar el enfoque de arriesgarse y perder, muchos optan por utilizar promedios de costo de dólar, un método donde decides invertir una cantidad de dólares en conjuntoen un período de tiempo predeterminadoa tiempos regulares. Estas inversiones podrían ser semanales, mensuales, anuales o de cualquier otro intervalo de tiempo.

Debido a que el mercado fluctúa arriba y abajo frecuentemente, se promedian los pagos de inversiones a lo largo de períodos de tiempo prolongados. De este modo, mientras no se tienen todas las bajas que se podrían alcanzar, no estás del lado de todas las subas tampoco. Cuando el precio sube, el valor general de tus inversiones también sube; cuando el precio baja, el valor general de las inversiones también puede bajar. La buena noticia es que las pérdidas no son tan pronunciadas como podrían ser si se invierte una gran suma de dinero en un momento inadecuado. Luego, estarías forzado a esperar un período de tiempo prolongado para que el precio se recupere antes de que puedas recuperar tus pérdidas.

Salirse del mercado es mucho más simple, si eres un inversor a largo plazo, la decisión de vender puede resultar fácil de calcular observando el mercado. En forma ideal, querrás que la inversión continúe a lo largo de los años y sólo deducir el dinero cuando lo necesites absolutamente. Recién allí, puedes determinar sacar exactamente lo que necesitas para que el dinero restante pueda seguir trabajando a tu favor.

Capítulo 5: Si tienes un ingreso fijo

A medida que envejecemos todo en nuestras vidas tiende a establecerse. Muchos terminan viviendo de un ingreso fijo con poco o ningún margen para invertir. Puede ser un desafío encontrar unos pocos dólares que exprimir sin perder algo de lo que dependamos. Pero eso no significa que invertir esté totalmente fuera de alcance.

Cuando estás viviendo de un ingreso fijo, necesitas lograr incrementar tus ingresos aún más. Algunas personas discapacitadas o que tienen un salario fijo recurrirán a ciertas herramientas de inversión que puedan ayudar a incrementar sus ingresos sin poner demasiado énfasis en su situación financiera actual. A continuación hay algunas opciones para considerar cuando estés viviendo con un presupuesto ajustado.

Bonos a corto plazo

Podrías querer abrir tu portfolio con una selección de bonos a corto plazo, que pagan intereses promedio más altos que los fondos de mercado financiero o certificados de depósito. Lo que vuelve a estas opciones de inversión atractivas es que se pierde muy poco capital comparado con otros bonos a largo plazo si el promedio de interés comienza a subir.

Para comprar bonos a corto plazo, primero necesitas hacer una pequeña investigación. Puedes comenzar a observar los precios y las coberturas en TreasuryDirect.gov, para fondos del gobierno. Para bonos corporativos o municipales, tal vez tengas que recurrir a un agente de bolsa y obtener la información que necesitas.

Los precios del mercado deberían incluir el recargo para los beneficios de los revendedores, pero necesitas asegurarte que tienen una clasificación de inversión para una organización independiente como Moody o Standard and Poor's 500.

Renta anual fija

Las rentas anuales generalmente vuelven con intereses mínimos garantizados que pueden variar desde un 2.5 a un 3.5%. Tu inversión está protegida contra las pérdidas – algo que es muy importante para quienes viven de un ingreso fijo. Cualquier ingreso que tengas tiene impuesto diferido, haciéndolos mucho más valiosos. Otra ventaja de las rentas anuales fijas es que suelen no perder ningún capital aun si el promedio de interés comienza a subir.

Otra razón por la cual las rentas son populares es que los inversores siempre saben exactamente cuánto van a recibir de interés. Si estás buscando obtener un interés estable para tus inversiones, eso es exactamente lo que vas a obtener.

Hay pocos pasos que deberías dar antes de comprar una renta:

Realiza tu propia investigación. Buscarás quienes tengan altos porcentajes de interés. Técnicamente, comprar una renta es como comprar una promesa para garantizar un ingreso. Asegúrate de elegir una a través de una compañía de seguro que tenga la habilidad de mantener esa promesa.
Busca variedad de rentas distintas; no coloques todo tu dinero en una sola. Diversifica.

Las rentas no están garantizadas por el FDIC y en cambio están garantizadas por el sistema de garantías del seguro de estado. Conoce el máximo que garantizan y no invertir más que en eso.

Realiza tu inversión gradualmente, no todo de golpe. El tamaño de tus pagos dependerá de diversos factores, pero es mejor pagar en cuotas. Esto te protegerá de cualquier riesgo de comprar rentas cuando los porcentajes de interés sean muy bajos. Cuando los intereses estén altos puedes agregar más.

Corporaciones que pagan intereses

Si quieres introducir tu mano en el mercado de valores, busca corporaciones que paguen dividendos. Investiga esos negocios que tienen una historia consistente en dar incrementos a lo largo de los años. Puedes encontrar una lista de cientos de estas compañías en Dividend.com.

Las compañías con muchos años de historia son las menos probables que vayan a bancarrota algún día, llevándose todo el dinero en ellas. Puedes encontrar acciones que pagan dividendos tan baratas como unos pocos dólares hasta muy caras, cientos de dólares cada acción. Dependiendo de tu presupuesto, puedes comprarlas a voluntad, y si reinviertes tus dividendos cuando se pagan, puedes ver fácilmente cuanto interés bonito y cuantioso dan en cada pago.

Puedes comprar acciones que paguen dividendos a través de un agente de bolsa si tienes un ingreso fijo y limitado, si prefieres evitar pagar las comisiones y cuotas puedes comprar a través de los sitios como Robinhood.com o FolioFirst.com. Estos sitios no tienen un mínimo de compra, así que si quieres comenzar comprando una sola acción de un mercado puedes hacerlo. Como los dividendos se van acumulando puedes utilizarlos para comprar más. En un principio, puede ser lento construir tu riqueza, pero con el tiempo, las inversiones comenzarán a crecer todas por sí mismas.

Cuando estás viviendo de un ingreso fijo, puede ser difícil encontrar una herramienta de inversión que te dé un lugar seguro pero rentable endónde invertir tu dinero. Pero eso no significa que no existen posibilidades de inversión. De hecho, en estos días es fácil encontrar una posibilidad de inversión rentable.

Ingresos fijos activos vs. pasivos

También puedes incrementar tus ingresos al invertir en fondos de ingresos fijos. Tu objetivo con estos fondos debería ser construir hasta el punto que tus intereses puedan alcanzar o sobrepasar el estatus de tu ingreso actual. Puedes lograr esto invirtiendo en una selección específica de coberturas que te proporcionarán intereses constantes y estables. Estos podrían estar invertidos en una suscripción básica donde realizas pagos regulares a un fondo, permitiendo que los intereses vayan creciendo a lo largo de los años hasta alcanzar el ingreso que te habías propuesto como objetivo.

Como todas las otras inversiones tendrás que pagar comisiones, pero si elijes sabiamente sólo serán un pequeño porcentaje de los intereses totales. Una comisión de administración anual podría costarte un 1% del valor de tu portfolio, y probablemente haya una comisión de suscripción que podría costar una fracción del porcentaje. Otro 0.5% se pagará cuando estés listo para redimir tu inversión.

Estos son instrumentos de inversión muy fáciles con los cuales se puede comenzar. Puedes encontrar más sobre estos diferentes fondos activos al observar el S&P Dow Jones "SPIVA US Scorecard" (ficha de puntaje para acciones americanas del Dow Jones). Encontrarás un análisis detallado de estos tipos de fondos en 13 categorías distintas: bonos de gobierno, corporación y municipales entre otros.

Los fondos pasivos pueden también ser de muy bajo costo y suelen proporcionar mejores intereses que los fondos activos. Puedes encontrarlos del mismo modo que encontraste los ETF. La vanguardia mantiene una lista larga de estos fondos, muchos con una larga historia de inversiones de muy bajo costo. Puedes invertir en fondos de ingresos pasivos que colocan su dinero en el mercado de ingresos fijos completos del gobierno con un promedio de gasto bajo del 0.6%.

Financiamiento colectivo

Un modo directo para quienes cuentan con ingresos fijos limitados es invertir en un financiamiento colectivo. En nuestro mundo moderno, cada día vemos nuevas plataformas que están abiertas a los nuevos inversores a corto plazo. El financiamiento es un modo de convertirte en tu propio banco; puedes prestar dinero directamente a otra persona o a algún pequeño negocio. El concepto general es que puedes proporcionar un préstamo parcial a los deudores y construir un portfolio amplio en el proceso. A veces referido a un préstamo de pares (siglas en inglés P2P), y es un modo de generar ingresos rápidamente.

Una de las ventajas del financiamiento colectivo es que se puede hacer a un bajo costo realmente increíble. Trabajas exclusivamente a través de Internet. Estas compañías no están subyugadas con costos excesivos como bancos y otras instituciones en líneas tradicionales. En algunos casos, tal vez encuentres que puedes participar en un programa sin recurrir a ninguna comisión. Actualmente, las oportunidades de inversión de préstamo tradicional no están ofreciendo coberturas seguras sobre una inversión, lo que hace que participar en el financiamiento colectivo sea algo extremadamente atractivo.

Ya existen docenas de plataformas de financiamiento colectivo establecidas. Si las googleas, tendrás muchas opciones de inversión. Sin embargo, no todas son recomendables, ni todas van a funcionar a favor de tus mejores intereses. Muchas están sólo comenzando y no están por lo tanto en una posición que se pueda analizar o juzgar como buena o mala. Otras son tan nuevas, que tienen poca o ninguna chance de sobrevivir a la próxima crisis financiera. A continuación hay una lista de algunas de las plataformas más redituables para que consideres.

Esta es la plataforma más grande de financiamiento colectivo del mundo. Puedes abrir una cuenta para empezar con solo $1000.

- Se dan préstamosa individuos y a pequeñas empresas.
- Cada prestatario es clasificado de la A a la G, A es la clasificación más alta y G la más riesgosa.
- El prestatario paga intereses y capital mensualmente.
- Los préstamos no están garantizados, así que si los prestatarios quiebran, puedes perder tu inversión.
- No hay seguro que cubra tus pérdidas.
- La plataforma intentará recolectar pero

tal vez no tenga éxito (la recolección incurrirá en costos adicionales).

- Hay un 1% de comisión que los prestatarios pagan a sus inversores.
- Tienes la opciónde esperar hasta que el préstamo entero se pague en forma completa antes de recibir tus intereses o puedes vender el préstamo a otro inversor y recolectar inmediatamente los beneficios.
- Los intereses promedio están entre el 4.3 y el 6.5% por año sin impuestos.

Esta plataforma está asentada en Europa y ha visto algunos resultados bastante positivos durante la última década. Fue fundada en 2015 y tiene base en Latvia. Si estás interesado en el financiamiento colectivo en moneda extranjera, esta podría ser una buena opción.

Con base en el Reino Unido, Assetz Capital le permite a los inversores privados prestar dinero a pequeñas empresas y emprendedores. Fundada en 2013, está buscando nueva financiación de inversores nacionales y extranjeros.

En este punto, deberías ser capaz de observar que aunque quienes no tienen mucho dinero en efectivo para invertir pueden comenzar a ver cómo crece su dinero. Justo lo que sucede con cualquier otro tipo de inversiones, siempre querrás mantener tu portfolio diversificado así puedes protegerlo contra las pérdidas y minimizar los riesgos.

Capítulo 6: Invertir en bienes raíces

Casi todo el mundo en el planeta entiende el valor de poseer bienes raíces. Hasta quienes no están buscando incrementar sus riquezas reconocen que es bueno poseer bienes raíces en el portfolio. Como mínimo, poseer tu propio hogar es un símbolo importante de éxito. Sin embargo, para los inversores que están buscando construir riqueza, las posibilidades son inmensas.

Existen diversos tipos diferentes de bienes raíces dependiendo de cuanto quieras arriesgar en tus inversiones. Por ejemplo, tal vez comienzas con bienes raíces residenciales al comprar tu propio hogar y luego expandirte a alquileres de departamentos, alquileres de hogares de familia única, bienes raíces comerciales, edificios para comercios, restaurantes, propiedades para vacacionar, oficinas, industrias, depósitos, terrenos para cultivos – la lista sigue.

Y así como hay muchos tipos diferentes de bienes raíces, hay muchas formas de invertir. La más obvia es comprar propiedad intelectual, una práctica que data de miles de años.

Históricamente, los bienes raíces residenciales han experimentado un incremento del precio aproximadamente del 3.2% por año desde que comenzaron a guardarse los registros en 1890. Esta cifra es extremadamente importante para recordar ya que permite la apreciación de un inmueble para mantener un promedio de interés inflacionario año tras año. Aunque no ganes beneficios, mantendrás el poder adquisitivo.

Por supuesto, habrá ocasionalmente decrecimiento, pero históricamente, la habilidad de los bienes raíces para quedarse al frente de la curva es una de las razones por la cual es la forma más popular de inversión. Esto no significa que no va a haber riesgos. Durante la Depresión y en años más recientes, la industria de bienes raíces ha luchado para mantenerse a flote. Esto se debe principalmente al hecho que la gran mayoría de las inversiones en bienes raíces requieren financiamiento, y los compradores pueden encontrarse rápidamente en una posición precaria por un número de diferentes razones.Aun así, en general, invertir en bienes raíces es la forma de inversión mejor recibida hasta la fecha.

Bienes raíces residencial

Mientras que el objetivo principal de la inversión en cualquier tipo de bienes raíces es observar que el valor de la propiedad aumenta a lo largo del tiempo, no es el único beneficio que recibes de poseer tu propio hogar. Ahorras en un número diverso de maneras, incluyendo el dinero que puedes mantener de no tener que pagar la renta cada mes.

Cuando compras una casa, suele ser una

combinación de tu propio efectivo en forma de anticipo, y el balance pagado a través de una hipoteca, que puede ser amortizado a lo largo de los años. Esto significa que pagarás una porción de la hipoteca cada mes junto con un porcentaje de interés.

A algunos les gustaría igualar el pago de una hipoteca al pago de un alquiler, pero no es exactamente lo mismo. Cuando alquilas tu casa, el dinero que pagas se va para siempre, pero cuando pagas una hipoteca, la cantidad de capital que se paga simplemente se mueve de tus reservas en efectivo y se convierte en patrimonio neto en tu hogar. Con cada cuota, posees un poco más de tu casa que lo que era antes y el banco poseerá un poco menos. En el fondo, eres libre de venderlo por el mejor precio que puedas obtener y quedarte con todo el efectivo para ti. En esencia, te pagas a ti mismo cada vez que haces un pago hipotecario de tu casa.

Ya sea que posees una casa en alquiler o un departamento, puedes esperar tener costos de mantenimiento. Si compartes propiedad del edificio, estos gastos se compartirán con otros propietarios, pero cualquiera sea el caso, necesitas analizar estos costos con respecto a la cantidad de alquiler que pagas.

También necesitas estar al tanto de los gastos de renovación. Estos suelen estar agregados a los costos de mantenimiento regulares, que generalmente irán al mantenimiento regular del edificio. Por ejemplo, el cargo por aguas residuales puede considerarse un mantenimiento regular, pero las renovaciones que involucran reemplazar cañerías muchas veces durante la vida del edificio no lo son.

Estos gastos pueden ser cuantiosos, así que tal vez necesites financiarlo o pedir crédito a tu institución financiera local. La mejor manera de manejar estos gastos adicionales es planificar con tiempo antes de que sean necesarios. Al apartar un porcentaje del alquiler para administrar renovaciones, puedes estar seguro que tendrás los fondos a mano cuando sean necesarios y evitar la necesidad de endeudarse para pagarlos.

Si planeas ser propietario por mucho tiempo, entiende que llegará el día que tengas que cambiar los pisos, la cocina, el baño; pintar nuevamente, cambiar los cables y las cañerías. Al planificar estos gastos con mucho tiempo de anticipación, no sólo puedes ahorrar mucho dinero sino que también puedes mantener el valor del edificio para que no se deteriore.

También pueden suceder acontecimientos inesperados, de modo que necesitas dar lugar para la cobertura de seguro de tu alquiler. Las inundaciones y los incendios son eventos comunes que pueden suceder en cada área. Tener una póliza que te proteja de estos tipos de daños es esencial si planeas utilizar tu propiedad como un ingreso de alquiler. El costo del seguro es minúsculo en comparación con lo que podrías perder sin tenerlo.

Otras cuestiones para analizar cuando inviertes en una propiedad para alquilar son los impuestos y otros incidentes. Antes de decidir invertir en estos tipos de propiedades, es esencial que planifiques cuidadosamente y te asegures que los alquileres que cobras son suficientes para cubrir todos los gastos, incluyendo lugares disponibles ocasionales que cada tanto ocurre entre inquilino e inquilino, y dejarte un buen beneficio al final.

Tal vez pienses que los costos adicionales de mantener son altos cuando eres propietario de bienes raíces en alquiler, pero comparado con la cantidad de dinero que paga un inquilino por la misma propiedad sin beneficios duraderos, la respuesta es clara. Antes de escribir en papel, encontrarás que poseer una propiedad en alquiler aun en tiempos difíciles puede ser muy rentable a largo plazo.

Pero para que eso suceda, es importante

seguir una pequeña guía básica cuando se busca la propiedad adecuada en la que invertir:

- Pagar el precio adecuado. Asegúrate de obtener un precio competitivo por la propiedad y que no está sobrevaluado, dificultando que obtengas beneficios. El precio debería estar basado en la localidad – las propiedades ubicadas dentro de la ciudad o junto al mar suelen demandar un precio más alto que otras en áreas más remotas o en los suburbios. El tamaño de la propiedad puede estar también afectando el precio, junto con el panorama, número de ambientes y condición.

- Asegúrate de calcularel interés potencial cuidadosamente. Obtener un buen precio de tu propiedad no es una garantía de que estés obteniendo un buen trato. Tendrás que tener una vista realista de la comunidad donde se

120

ubica la localidad y el costo promedio de alquileres para propiedades comparables y compararlas con lo que tendrás que pagar de hipoteca, administración, mantenimiento e impuestos. Es mejor ser conservador en tus cálculos de modo que no te encuentres con ninguna sorpresa desagradable más adelante.

- Busca propiedades que tengan demanda en la comunidad.

Una vez que has decidido sobre la propiedad que quieres es importante que administres tu riesgo hipotecario. Las hipotecas pueden ser variables o fijas. Una hipoteca variable significa que el promedio de interés es un nivel general más un diferencial de mercado del 1%. Si es una hipoteca fija, permanecerá igual sin cambiar a través de la vida de la hipoteca.

Los promedios de interés fijos son generalmente más altos que el promedio variable, y probablemente tú pagarás más que con una variable. Sin embargo, sabrás exactamente cuánto pagarás cada mes. No tendrás que preocuparte de incurrir en gastos adicionales asociados con los préstamos a lo largo de los años, y no habrá riesgos adicionales.

Cual préstamo vas a decidir depende de tus circunstancias personales y tus preferencias. No hay una forma correcta o errónea para la propiedad financiera. Estudia todas las opciones y decide cuál funciona mejor para ti. En forma ideal, quieres asegurarte que estás en una posición donde no estarás forzado a vender debido a alguna circunstancia impredecible que pueda ocurrir, que considerando la magnitud del préstamo es muy probable.

Propiedades para vacacionar

Otra inversión en bienes raíces que pocas

personas piensan es una propiedad para vacacionar. Hay muchas ventajas y desventajas en relación con este tipo de inversión, así que no es una buena opción para todos. Cuando compras una propiedad para vacacionar, inviertes tu patrimonio neto en la propiedad y luego financias el resto. Te beneficias como el dueño de la propiedad al tomar tu porcentaje de interés y deducir los costos del mantenimiento de la propiedad y dividiendo el resultado por el patrimonio neto que utilizas cuando realizas una compra.

Hay muchos costos asociados escondidos con las propiedades para vacacionar. Además del costo de la propiedad en sí mismo, existen comisiones legales, cargos por utilidad, costos de registro y comisiones de mantenimiento y servicio. Para lograr beneficios, debes estar seguro que la comisión que cobres a tus inquilinos es suficiente para cubrir todas las comisiones y dejarte con una ganancia prolija.

Cuando posees una propiedad para vacacionar, tal vez tengas que pagar comisiones a la comunidad (dependiendo de la localidad) y costos de renovación y considerar la depreciación del edificio (si posees un edificio viejo). Las comisiones de administración, impuestos, utilidades, seguros y tal vez comisiones de cuentas también están en la lista a considerar.

Si no planeas estar en el lugar, necesitarás contratar a un administrador para cuidar todos los gastos no expresados y asegurar que tus inquilinos tengan una buena experiencia durante su estadía. Muchos de estos administradores podrían cobrar hasta el 15 o 20% de la cantidad total de alquiler recaudado. Mientras que eso podría parecer una gran suma de dinero, si tienes en cuenta todo eso en tus comisiones de alquiler para vacacionar, estarás más que cubierto.

Ten en mente que si decides comprar una propiedad para vacacionar, estarás conectado para siempre a la comunidad donde esté ubicada. No siempre es fácil saber qué esperar en el futuro; todo tipo de situaciones que podrían expulsar a posibles clientes, dejando gastos cuantiosos que subsanar. La realidad es que las cosas malas suceden, y necesitarás prepararte para ello. Asegúrate que un alquiler ocasional a lo largo de los años pagará por todas las contingencias que ocurran.

REIT

Los Fondos deInversión en Bienes Raícesson el modo probablemente más fácil para invertir en bienes raíces. Estas inversiones confiables son realmente las compañías que poseen bienes raíces y las alquilan a un sector en particular. Tal vez posees un REIT que le alquila sólo a establecimientos médicos y otro que le alquila a los dueños de los shoppings.

Mientras que hay muchas cosas positivas asociadas a los REIT, definitivamente existen algunas desventajas de las que necesitas ser consciente. Suele haber costos muy altos asociados con la administración de estos tipos de propiedades públicas. Para algunos, la gran mayoría del ingreso recibido pagará los salarios y costos involucrados en mantenerlos. Además, debido a que son patrimonio neto, sus resultados generalmente siguen la misma línea debido a que los mercados de patrimonio lo hacen, así que si ya has invertido en fondos de bajo costo y patrimonio pasivo, hay buenas chances de que ya hayas invertido en REIT.

Si decides que necesitas más bienes raíces en tu portfolio, el REIT es un modo fácil de alcanzarlo. No tendrás que pagar una hipoteca costosa, ni tendrás que preocuparte sobre los detalles molestos de la administración. El REIT se comercializa en el mismo lugar donde comprarías acciones y bonos. Hay dos ETF de vanguardia donde puedes invertir en bienes raíces no sólo localmente sino en el resto del mundo.

Busca REIT a través de cualquier compañía de corretaje, y encontrarás muchas. Sin embargo, hay otras REIT que sólo están disponibles a través de agentes de bolsa e intermediarios financieros. Estas REIT más privadas no siempre son las mejores opciones. Los agentes cobran comisiones exorbitantes, las REIT suelen tener rendimiento pobre y no siempre cumplen sus promesas.

Es muy importante tener mucho cuidado y sólo comprar REIT que se haya comprobado que es recomendable. Se ha encontrado que algunas REIT privadas han sido fundadas para ser esquemas Ponzi, así que hay que tener mucho cuidado. Si las compras a través de un agente o en una oferta pública no habría problema.

Además de los beneficios que puedes obtener de elevar el valor de una REIT, muchos de ellos pagan un dividendo mensual. Si estás buscando un ingreso regular para mantenerte a flote, colocar una parte de tu portfolio en una REIT es una forma grandiosa de hacerlo.

Capítulo 7: Invertir en productos primarios

Otros activos altamente rentables son los productos primarios. Estos pueden estar divididos en base a diferentes categorías. Algunos de los productos más comunes con los que estés familiarizado son el gas natural y el petróleo o los productos primarios agropecuarios como soja, leche, café y azúcar. Los productos ganaderos incluyen cerdo y cabrito. Los productos metalúrgicos incluyen elementos naturales como oro, cobre o plata. Para encontrar productos primarios en los que invertir, observa el índice de productos primarios. El índice de productos S&P GSCI es una de las listas más viejas de productos primarios en nuestra historia.

Ha existido un registro regular de rendimiento de productos primarios desde los años 70 que muestra el promedio de interés anual de la inversión de alrededor del 3.1%, lo cual es bastante competitivo con respecto al interés inflacionario para el mismo período de tiempo.

Antes de decidir si invertir en productos primarios, necesitas entender y respetar la tolerancia al riesgo. Basta decir que estos productos pueden ser una inversión de alto riesgo y que no hay pocos inversores que hayan perdido más de la mitad de su inversión en un período corto de tiempo por ese motivo.

Para invertir en este tipo de productos, no tienes que comprarlos directamente. Puedes invertir en una compañía relacionada que sea activa al invertir en la misma compañía. Cuando el precio del producto primario se incrementa por encima del punto más alto que el costo de producción, la compañía se beneficia – y tú también. Como otra opción, puedes elegir invertir en una ETF de bajo costo.

Existen dos argumentos básicos a favor de invertir en productos primarios. Primero, tienen buena cobertura contra la inflación, y segundo, los intereses no están basados en los intereses del mercado de valores. Si estás planeando invertir a corto plazo, ambos argumentos deberían ser importantes para ti.

Si eres relativamente tolerante ante el alto riesgo, invertir en productos primarios podría ser una muy buena opción para ti. Mientras que el riesgo de perder podría ser bastante alto, aquellos que pagan a largo plazo son inmensamente rentables.

Oro

El oro ha estado dando vueltas por miles de años, precede a la divisa en papel y moneda, y ha perdido su valor a través de la inflación o las conquistas gubernamentales. Todos entendemos la inflación y cómo puede erosionar el valor de cualquier activo que poseamos, pero los efectos de la conquista gubernamental no siempre están claros.

Imagina que fueras un ciudadano de un país donde la moneda es fuerte y tendrá un importante peso. Si ese país fuera conquistado por algún otro, ¿cuánto valor tendría tu divisa en papel? Las chances son prácticamente nulas, pero si tus activos tuvieran forma de oro, lo aceptarían en cualquier país alrededor del mundo sin cuestionamiento.

Esto muestra el duradero poder del oro, ya que es el producto primario que se espera mantenga su valor sin importar el clima económico. Si tuvieras que mirar atrás en la historia del precio del oro, verías que hubo un incremento en su valor del7.3% anual en promedio durante los últimos 40 años. Con la inflación fluctuando entre el 3 y 4% por año, habrías alcanzado una pequeña ganancia si hubieras invertido en oro durante ese período.

Estos números son impresionantes, pero ha habido algunas influencias que lo hicieron posible. Primero, antes de 1971, el gobierno de EEUU emitió un Estándar de Oro que mantuvo estable el precio del oro durante décadas. Cuando el estándar era reducido, el precio del oro podría haber crecido tan alto como se lo exigiera la demanda. Entonces, para la siguiente década o más, el precio del oro vería un incremento de al menos 16 veces su valor.

Luego, el precio se niveló hasta el 1.6% por año, pero para el mismo período de tiempo, la inflación pareció permanecer en un incremento constante. Por ende, si hubieras invertido en oro en 1971 y mantenido durante cuatro décadas, habrías visto un llamativo interés. Pero si hubieras invertido en 1980, habrías perdido una buena parte de tu dinero esperando que el oro alcanzara su antigua gloria.

Esto demuestra, que en el mejor de los casos, los productos primarios pueden ser impredecibles. Tomarle el ritmo al mercado y prestar mucha atención a los eventos presentes que podrían afectar el precio es esencial para proteger tus inversiones. El oro tiene usos limitados en el mercado hoy en día (usado como joyería o en la industria de los electrónicos), y no tiene flujo de efectivo.

Entonces, la mayor parte de su valor se sostiene del hecho que es considerado en la mayoría de las sociedades como otra forma de efectivo físico que está limitado en suministro. Ten en mente que también corres el riesgo que ya no sea aceptado como una forma de dinero algún día y, por lo tanto, pierda su valor.

Podrás observar cómo a lo mejor el brillo del oro es precario, pero si eliges hacer este tipo de inversión, hay muchas formas de comprarlo. Al contrario del modo en que la mayoría de las monedas se miran, es aún muy improbable que el oro pierda su valor en cualquier momento en el futuro cercano – al menos no antes de que otras formas de moneda fallen. Se cree que si alguna vez nos encontramos otro momento de gran inflación en nuestro futuro, el oro sobrevivirá a todo. Es más probable que la moneda en papel pierda su valor mucho antes que el oro.

Si eres la clase de persona que quiere estar preparada para lo peor, el oro podría ser la opción de inversión para ti. A lo sumo, podría ser beneficioso tener en tu portfolio inversiones en oro. Hay muchos modos de hacer esto.

Primero, puedes comprar acciones en la compañía que produce oro. Si ya posees fondos de patrimonio diversificados, probablemente poseas un porcentaje de una de estas compañías. La dificultad con esta estrategia es que estas compañías tal vez no son capaces de proporcionarte el tipo de diversidad que necesitas. Como compañías públicamente comerciales, se espera seguir la misma tendencia que los otros mercados de patrimonio neto; si hay una crisis, el oro no sería tan líquido como necesitas que sea.

Otra opción de inversión podría ser comprar una ETF que contenga oro físico. El oro en estos fondos se guarda en bóvedas y se ofrece en diferentes denominaciones. Para encontrar más acerca de estas ETF, aquí hay algunos lugares que puedes visitar:

iShares Gold Trust
iSharesPhysical Gold ETC
UBS ETF–Gold

Hay otras ETG que no contienen oro físico, pero sí compran derivados del oro de bancos de inversión, que a su vez proveen a la ETF con intereses del oro.

Puedes comprar barras de oro directamente de distribuidores de oro. Sin embargo, necesitas ser muy cuidadoso si decides hacer esto, no todos los distribuidores son recomendables. Habrás escuchado hablar del Gold American Eagle (Águila de oro americana), Canadian Maple Leaf (Hoja de arce canadiense), y South AfricanKrugerrand (Krugerrand sudafricana). Estas son monedas muy raras que están valuadas más como piezas de colección que como verdaderos valores comerciales. El precio de estas monedas tal vez no siga el precio estándar del oro, y a su vez sean difíciles de vender si necesitas efectivo rápidamente. Los distribuidores no siempre representan el verdadero contenido de oro de estas monedas tampoco. Sin una prueba fehaciente para verificar la cantidad de oro en cada moneda, tal vez pagues más de lo que obtienes. Si decides comprar oro a través de un distribuidor, asegúrate que sea recomendable y que tenga una reputación establecida como comerciante honesto.

Al comprar oro físico, está el tema del almacenaje. No es recomendable que lo guardes en casa. En cambio, mantenlo en una caja en tu institución financiera o en algún otro lugar que pueda estar seguro. En este punto, no sólo estarás preocupado por su posible robo sino por su registrada cadena de posesión. Todo esto incurrirá en comisiones que podrían estropear el valor de la inversión fácilmente justo en tus manos.

Sin embargo, si evalúas el mercado

correctamente, es posible hacer una linda suma de dinero en el mercado de metales preciosos. Ya sea que compres oro o plata o algún otro tipo de producto primario, necesitas tener mucho cuidado y ser muy diligente al observar el mercado. Estos instrumentos pueden ser muy volátiles, y podrías perderlo todo en cuestión de días o semanas. Por otro lado, si tienes el estómago para eso, podrías obtener concebiblemente una gigantesca racha que podría darte intereses muy prometedores en un período muy corto de tiempo.

Invertir en productos primarios no siempre ha sido una opción atractiva para construir riqueza, pero si ya has encargado un índice de patrimonio de productos primarios amplio, la chance es que posees alguna forma en tu portfolio. El oro, la plata y otros metales preciosos sin embargo funcionarán en forma muy distinta que los otros productos de modo que deberían considerarse como una clase totalmente diferente. Ya que es sumamente difícil predecir cómo se comportarán los metales preciosos, la mayoría de la gente lo compra como forma de seguro contra depresiones económicas extremas.

Mientras se tiene la habilidad de hacer durar a la mayoría de las monedas durante los momentos negativos, en períodos normales, es probable el bajo rendimiento. A lo mejor, invertir en pequeñas sumas de metales preciosos, pero mantener el grueso de inversiones en dólares en otras áreas que probarían ser más rentables.

Conclusión

Gracias por leer hasta el final. Espero que haya sido informativo y capaz de proveerte con todas las herramientas que necesitas para alcanzar tus objetivos, cualesquiera que sean.

Sí, invertir puede ser atemorizante, y comenzar puede estar bastante lleno de baches. En tus 20, sólo estabas comenzando tu vida; todo era una aventura. En tus 30 probablemente estuviste buscando algo que le diera significado a tu vida. Pero en tus 40, ya te has establecido en un estilo de vida que te hace sentir cómodo, y tus preocupaciones rondaban el hecho de proteger dicha vida. Si recién estás dándole a la inversión más atención, no hay momento como el presente. Aún tienes un poco de esa energía jovial que puedes utilizar para generar ganancias máximas. Eso, a su vez, puede darte un poco de efectivo extra que podrías utilizar para comenzar a invertir.

Al seguirlos simples lineamientos de este libro, esperamos habertehecho perder mucho del miedo y ansiedad de esta perspectiva. Esperamos que el consejo que te hemos dado en el libro sea suficiente para lograr que te emocione el futuro que esperas construir y lo que puedes hacer para que se vuelva realidad. Si hemos aprendido algo de todo esto aquí, debería ser que nunca es tarde para comenzar a construir tu riqueza y emprender un viaje hacia la independencia financiera.

¡Felicitaciones al comenzar un Nuevo capítulo de tu vida!
Tal vez te proporcione mucha felicidad e intereses beneficiosos.

¡Finalmente, si encuentras este libro útil de alguna manera, siempre es valiosa una revisión!

Parte 2

Introducción:

¿Qué es invertir?

Habrás escuchado el término "inversión" anteriormente, pero no estarás seguro de lo que conlleva. Inversión es una manera de ganar dinero que se produce a sí mismo; es una manera de superar los límites de lo que un empleado asalariado puede proveerle a usted. A través de la aplicación cuidadosa de los principios detallados en este libro, usted aprenderá a que su dinero vaya más allá.

Una forma de pensar en inversión es haciendo que el dinero que gana de un día de trabajo funcioné para usted durante la noche.No es un concepto difícil de entender: usted le provee dinero a alguien que tiene su propio negocio, cuando ese negocio genere lucro, usted recibirá ganancia por su contribución y un poco más. Usted está poniendo a trabajar su dinero para usted mismo.

Piénselo de esta manera: hay solo ciertas horas en las que usted puede trabajar en un día y es incapaz de ganar un salario más alto por esa misma razón, por eso, es casi imposible ganar más riquezas de esa manera. Solo invirtiendo puede construir su riqueza porque incrementa su habilidad para ganar dinero incluso sin que usted tenga que trabajar.

La clave está en que usted debe decidir a quién quiere proveerle fondos y de qué forma. Las inversiones necesitan de muchos cálculos y sopesar el riesgo sobre la recompensa. Lo que usted no quiere es arriesgarse con sus inversiones, usted quiere tomar decisiones informado; sin embargo, no es necesario contratar a profesionales para que tomen la decisión por usted; con tiempo y estudio, puede aprender sus propios trucos sobre este oficio.

Invertir es una forma de prepararse para el futuro, es como una jubilación con beneficios "sobre la tabla de cortar" de países de todo el mundo. La inversión no interesa solamente a aquellos que buscan ganar riquezas, sino también a las personas regulares a las que les gustaría vivir en los estándares a los que han llegado durante su vida de empleados.

Invertir significa guardar para el futuro y restringir el consumo; con el fin de generar más bienes usted necesita seguir un plan financiero. Las inversiones no generan grandes riquezas de la noche a la mañana, es un proceso que requiere dedicación, entender las bases de la inversión le ayudará a desarrollar un plan financiero que necesita seguir para ganar más dinero por medio de sus inversiones.

Las inversiones requieren de considerables recursos y dedicación; para obtener más del dinero que invierte, usted tiene que estar dispuesto a monitorear los mercados y hacer sus investigaciones cuidadosamente. Por suerte, hay formas de invertir que se ajustan a casi todos con la disposición de dar los fondos iniciales, sin importar si usted es cauteloso y adverso a los riesgos, o aventuro y atrevido, joven o adulto, interesado en involucrarse profundamente o feliz de que alguien más tome las riendas, hay un camino a seguir que se ajusta a todo tipo de persona. Este libro le proveerá la comprensión básica, el conocimiento del vocabulario para iniciarlo y hará que se sienta cómodo en el mundo de las finanzas.

Antes de que empiece a invertir, hay algunas cosas que debería considerar y que son importantes para que sea un inversor exitoso. Dentro de la carrera como inversor son importantes los factores como su salario de empleado, cobertura del seguro, falta de deudas o el manejo del pago de deudas y los ahorros de emergencia. Es importante estar preparado para el peor de los escenarios, sus ahorros de emergencia deben ser capaces de cubrir sus gastos de 3 a 6 meses. En el caso de que usted pierda su fuente de ingresos y que quiebre el mercado, será necesario que utilice el recurso de vender sus inversiones en el peor de los momentos, la cual es una posición en la que no querrá encontrarse. Las inversiones requieren de un buen sentido del dinero, así que persígalas con eso en mente.

Una de las llaves para empezar sus inversiones es eliminar sus deudas. Usted no podrá avanzar y enfocarse en sus inversiones si está tratando de pagar los intereses de sus préstamos. Solo cuando tenga un valor neto neutral a positivo tiene sentido empezar a invertir; las deudas juegan un rol importante en las inversiones, pero solo si no es su deuda personal.

El éxito de sus inversiones depende de su meta financiera definitiva. Una de las ambiciones más básicas de las personas que empiezan a invertir es para su jubilación; sin embargo, usted puede tener otras metas en su horizonte, por ejemplo, financiar la educación de sus hijos. También puede ser que decida invertir en bienes raíces, en ese caso su plan financiero deberá acomodarse a esos aspectos de su vida. También podría iniciar con las inversiones más adelante en su vida, en ese caso, usted deberá ajustar y manejar sus inversiones para eso. Cuando usted comience con las inversiones deberá considerar si está buscando una inversión activa o pasiva. Inversiones activas requieren considerablemente más esfuerzo y habilidad; inversiones pasivas buscan más ganancias a largo plazo.

Bases de la inversión

En esta sección veremos algunos fundamentos de la inversión, esta es una vista general de las herramientas a su disposición para invertir. Cuando hablamos de inversión el concepto es bastante obvio; sin embargo, cómo sucede realmente es menos claro. Usted tiene a disposición varios vehículos para invertir su dinero, las acciones, bonos y equivalentes de efectivo conforman tres de las principales clases de activos; más allá de eso, hay más vehículos para invertir que le servirán en su carrera.

Acciones

Las personas están más familiarizadas con este tipo de inversión. Las acciones son valores que representan posesión en una corporación específica, por lo tanto, son una forma de poseer seguridad. La seguridad es la prueba que se presenta usualmente en un certificado al que se le asigna un valor y que puede ser vendido o negociado. Para la corporación en sí, es el capital ganado tras distribuir las ganancias a compradores que tienen parcialmente participación en cómo manejar la compañía y que pueden lucrarse de eso. La corporación vende las acciones en forma de porcentaje de propiedad, con propiedad en una compañía usted podría tener garantizado opinar cómo ésta se manejará, dependiendo de si tiene acciones comunes o acciones preferentes.

Usted gana dinero de sus acciones a través de los pagos a los accionistas llamados "pagos de dividendos". Un dividendo es una porción de lo que ha ganado la compañía que es distribuido a los accionistas, puede ser emitido en pagos como acciones, pero también puede manifestarse como pagos en efectivo o en la forma de otra propiedad.

Si usted decide que ya no quiere ser accionista de una compañía puede vender sus acciones. Si la compañía ha sido rentable podrá hacer dinero vendiendo sus acciones a un valor mayor al que tenían cuando las compró. Las acciones también pueden ser intercambiadas en el caso de que alguien esté interesado en sus acciones y usted desee las acciones que esa persona tiene; estos intercambios son coordinados por corredores de bolsa.

Tipos de acciones:

-Ingresos: Grandes dividendos pagados por la compañía, pero tienen poco crecimiento con el tiempo.

-Crecimiento: Mucho potencial en términos de crecimiento y ventas de la compañía, pero los dividendos no son altos (el dinero es invertido de nuevo en la compañía, esto significa que usted revende potencial, sin embargo, puede ser mejor).

-*Blue-chip* (chip azul): Grandes compañías con un historial financiero confiable.

-Especulativo: Compañías con un historial financiero poco confiable..

-Ciclico: Ingresos de las compañía que reflejan

fluctuaciones naturales en la economía.

-Defensivo: Compañías que cambian un poco en respuesta a las fluctuaciones del mercado (por ejemplo proveedores de calor y electricidad).

Si te preguntas cuál es el mejor tipo de acciones para comprar, la respuesta no es tan sencilla. Idealmente, usted podría poseer diversos tipos de acciones, para que una sola inversión pueda balancear y compensar los riesgos que no se asumieron y que pudo haber asumido. Esto se tratará más adelante en la sección de Cartera.

Cuando las personas piensan en inversiones y finanzas, piensan en acciones, esto es porque históricamente las acciones han sido capaces de proporcionar el mayor retorno de la inversión. El primer lugar al que debes ver, si estas buscando ganancias máximas, es el de las acciones; sin embargo, es importante tener en cuenta que las acciones tienden a ser riesgosas, dependiendo del mercado y el estado general de la economía, el valor de sus acciones puede elevarse un día y desplomarse al siguiente.

Otro de los aspectos a considerar con las acciones es su capital de mercado, este término se refiere al valor de las acciones en circulación de una compañía, generalmente revelan el tamaño de una compañía, lo que influye las características que usted como inversor le interesa.

No todas las acciones son iguales; para compañías con gran capital de mercado, *estabilidad* es el nombre del juego, mientras que compañías con pequeño capital de mercado no están bien establecidas, pero pueden ofrecer un mejor crecimiento potencial. Acciones de gran capital son más confiables en crisis financieras y tienden a ofrecer pagos de dividendos, cómo usted decida asignar sus acciones dependerá de sus metas definitivas.

Las acciones son formas de poseer inversiones. Otras formas de poseer inversiones incluyen bienes raíces y negocios, pero requiere de una gran cantidad de capital inicial, por lo que no serán explorados en esta guía.

Bonos

Las acciones tratan de poseer parte de una compañía, mientras que los bonos son préstamos a la compañía, es una forma de contrato, la persona que emite el bono toma su dinero y a cambio se le pagan intereses sobre el dinero que usted prestó.

Los bonos operan en un horario, el poseedor del bono recibe una cantidad de dinero fija dentro de un tiempo determinado. Los bonos son una forma de deuda de seguridad, el término "deuda" podrá generar algunas preguntas en su mente, las deudas no siempre son equivalente a algo negativo, de hecho, las deudas son necesarias para la operación de mercados financieros y deben ser usados con el fin de obtener lucro.

En las inversiones usted usará el instrumento de la deuda, así como los bonos, porque son saludables para el mercado. Al invertir su dinero con bonos en una compañía, esencialmente la compañía promete pagarle de regreso con intereses, en situaciones con deuda, usted será usado para pedir prestado a otros; con bonos usted se convierte en el prestador y la compañía es el prestatario.

El valor de un bono, su valor nominal o inicial, es generalmente alrededor de $1,000.00 dólares por cada uno. Usualmente, la compañía le pagará los intereses sobre su capital cada dos años a una tasa específica, a esta tasa se le llama "cupón". Significa que en un bono de $1,000.00 dólares con un cupón de 5%, usted terminará con $50.00 dólares por cada pago, por un total de $100.00 dólares, debido a que tiene garantizado el pago en un horario fijo, a los bonos se les denomina como ingresos de seguridad fija.

El cupón de un bono está determinado por dos factores: la cantidad de tiempo que requiera para ser pagado, también conocida con el término calidad crediticia (CD en inglés).

La calidad crediticia describe la capacidad del emisor de pagarle en el horario. Los bonos tienen calificaciones que indican su calidad crediticia. Los bonos de baja calidad crediticia tienen cupones altos, así los inversionistas son recompensados por tomar el riesgo de que el emisor no sea capaz de realizar los pagos.

Aunque los bonos poseen riesgos, generalmente son vistos como más seguros que las acciones porque el emisor está legalmente obligado a pagarle; sin embargo, si el emisor fuera declarado en bancarrota, esta obligación se pierde; por lo que los bonos tienen un rendimiento más bajo que las acciones.

Los bonos a largo plazo tienen cupones que pagan más para dar cuenta del riesgo de que las tasas de interés aumenten antes de que los bonos puedan vencer. Los bonos suelen vencer después de 20 años o menos.

Las variedades básicas de los bonos son: bonos corporativos, bonos municipales y bonos federales.

Los bonos son la forma de prestar inversiones. Otra forma de prestar inversiones es el certificado de depósito, con éstos, esencialmente, usted está prestando su dinero al banco en el que usted deposita y se le emite un pagaré; usted accede a mantener el dinero que deposito en el banco por un periodo de tiempo determinado, donde adquirirá más altos intereses que los que obtendría en una cuenta de ahorros normal, usted estará obligado a pagar una tarifa si desea retirar sus fondos antes de la fecha acordada.

Equivalentes de Efectivo

Estos activos pueden convertirse en efectivo relativamente fácil; no así como las acciones y bonos que están limitados a mercados y contratos respectivamente, están los de bajo riesgo, y como tal, tienen un bajo rendimiento. Los equivalentes de efectivo son importante para los inversionistas porque tienen un retorno de la inversión garantizado y son una buena forma de mantener su cartera diversa y segura.

Los certificados de depósitos son considerados equivalentes de efectivo, así como las cuentas de ahorro, de cheques y cuentas de depósito del mercado monetario. También son equivalentes de efectivo las Letras del Tesoro emitidas por el Gobierno Federal, cuando usted invierte en una Letra del Tesoro, el gobierno de los Estados Unidos está en deuda por un corto periodo de tiempo, menor a un año; al contrario de los bonos, usted no recibe un cupón, sino que las letras de tesoro recolectan intereses.

Fondos mutuos

Los fondos mutuos son piedras de tropiezo para muchas personas que comienzan sus carreras como inversionistas. Son relativamente fáciles de conseguir ya que muchos bancos tienen sus propias líneas de inversiones mutuas. Es una recolección de dinero que es manejada por inversionistas profesionales, es un vehículo de inversión que trata con valores como los que se mencionaron anteriormente. Las personas que buscan involucrarse en la inversión, acumulan su dinero a través de esas organizaciones y los fondos se invierten de forma colectiva.

La mayoría de los fondos mutuos requieren de un mínimo de inversión, pero terminan siendo más baratos a largo plazo, porque con un mayor fondo de seguridad para operar, el costo del comercio es más bajo. Los fondos mutuos invierten tanto en las acciones como en bonos que usted tenga, permite que inversionistas pequeños participen y contraten diversas carteras que son manejadas por profesionales. Cada persona con acciones en el fondo mutuo obtiene beneficios o pérdidas en proporción a la cantidad de acciones que posee.

Los fondos mutuos son particularmente útiles para aquellos que quieran involucrarse en inversiones pero no tienen el tiempo para hacer consideraciones serias e investigar. Con un profesional manejando la cartera con recursos tecnológicos a la mano, los fondos mutuos son una excelente opción para aquellos interesados en inversiones pero no tienen mucho tiempo para organizar su cartera por sí mismos.

Los fondos mutuos también son ventajosos porque pueden ser relativamente baratos al comprar acciones si se compara con otras opciones de inversiones. Esto particularmente es cierto porque los fondos mutuos permiten que usted tenga acciones en diferentes carteras sin que usted tenga que invertir personalmente en diferentes compañías, es la manera más económica de tener diversas inversiones. La importancia de tener diversas carteras será abordada más adelante.

Los fondos mutuos vienen con algunas tarifas, éstas se cobran simplemente para cubrir los costos de operación y administración y están determinadas por un índice de gastos. Los fondos mutuos están manejados activamente, lo que significa que son personas los que están decidiendo sobre cómo manejar los fondos basándose en sus propias investigaciones y en su propio juicio.

Los fondos mutuos pueden cargar esas tarifas al momento de la compra, lo que se llama "cargo frontal", o al momento en que las acciones son vendidas, lo que se llama "cargo trasero". Muchos bancos ofrecen acceso a fondos mutuos sin cargos, usted puede encontrar que, especialmente sobre la diversificación de su cartera, un fondo mutuo es la opción más rentable porque la inversión inicial es muy baja.

Intercambio de cotizaciones

Los Intercambios de Cotizaciones (ETF en sus siglas en inglés) pueden ser tratados como acciones, pero funcionan en principios como fondos mutuos; sin embargo, a diferencia de los fondos mutuos, los intercambios de cotizaciones son manejados de forma pasiva, lo que significa que en vez de ser manejados por personas, su actividad es determinada por los índices del mercado y sigue los principios de las hipótesis del mercado eficiente.

En los intercambios de cotizaciones no posees directamente los bienes (esto los convierte en activos subyacente), pero la propiedad de estos bienes se divide en acciones.

A diferencia de los fondos mutuos, los intercambios de cotizaciones pueden ser tratados como acciones, por esta razón su valor es calculado varias veces al día en vez de una sola vez. El índice de gastos para los intercambios de cotizaciones es más bajo que el de los fondos mutuos.

Cartera

Al conocer la variedad de vehículos de inversión que tiene disponible como inversor, querrá entender por qué las inversiones se ven en un nivel holístico. A esto se le llama cartera. Su cartera es el grupo general de sus bienes, puede poseer directamente una cartera, así como puede ser manejada por un profesional.

Es importante que su cartera tenga inversiones apropiadamente asignadas para un mejor posible reintegro. Su cartera tomará tiempo de ser elaborada y deberá ser estructura según su meta financiera definitiva.

Riesgo

Cuando usted invierte corre cierto riesgo de no obtener un buen reintegro de su inversión, o peor aún, perder su dinero en una inversión.

Cuando usted es un inversor hay dos tipos de riegos que puede anticipar: los riegos no diversificables son aquellos contra los que no se puede proteger, también denominados "riegos sistemáticos o riesgos de mercado". La inflación, cambios y tasas de intereses, guerras, inestabilidad o desastres naturales son algunos ejemplos de factores que pueden causar un riesgo de mercado.

Los riegos diversificablesson aquellos que puede reducir; al contrario de los riesgos no diversificables, este tipo de riesgo es especifico de la industria, el mercado y de las compañías en que invierta. Estos están sujetos a las condiciones del negocio y las finanzas. Invertir en diferentes mercados lo protegerá del peligro de quedar arruinado de una sola vez.

Los riesgos es algo que como inversos debe considerar cuando elija cómo y por qué invertir, y cuándo decida cuál será su estilo de inversión. No es algo para que se desanime, pero es la razón por la que usted necesita informarse sobre las especificaciones del mercado y las industrias en las que está buscando involucrarse. Esta es la parte por la que para muchas personas invertir es un compromiso intimidante; por eso se realizan investigaciones para encontrar inversiones que valgan el riesgo.

La tolerancia al riesgo es una decisión personal. Describe las posibilidades de pérdida que un inversor está dispuesto a tomar, lo contrario a esto es que también describe la recompensa potencial que tiene.

Hay muchas variables que envuelven el riesgo de una inversión; si usted es tolerante al riesgo, significa que está dispuesto a aportar una gran cantidad de fondos para potenciar grandes ganancias y alternadamente perder a lo grande. La tolerancia al riesgo que tenga estará determinada del objetivo por el cual usted está operando.

Su estilo como inversor puede estar caracterizado tanto como agresivo, moderado o conservador; incluso los inversores agresivos tienen bases estables de valores que no representan un riesgo, lo que les permite tomar considerables oportunidades.

Objetivos

Como inversor se está esforzando por alcanzar uno de los tres objetivos que vienen con cada oportunidad: ingreso, crecimiento o seguridad. Ingreso se refiere al tipo de dinero que parece hacerse a sí mismo, como los intereses que le genera un bono. Crecimiento es específicamente el crecimiento de capital que ocurre cuando incrementa el valor, esto ocurre cuando las acciones son vendidas a un precio mayor del que fueron compradas. Seguridad resulta de los valores que no generan muchas ganancias pero que son probable se mantengan ilesas ante una crisis, como los billetes del tesoro o los certificados de depósito.

Cualquiera que sea su objetivo, estará determinado generalmente por sus metas financieras y los factores en su vida que influencien su tolerancia al riesgo.

Cuando considere oportunidades de inversión, usted necesita pesar los objetivos y descubrir cuál es prioritario sobre los otros. Logrando un objetivo, como crecimiento, requiere sacrificar otros, ingresos y seguridad. Usted puede lograr

165

ingresos y seguridad, pero perderá la oportunidad del crecimiento de su capital.

Tener un objetivo es importante para determinar una estrategia enfocada. Otras consideraciones como reducir sus costos de impuestos o tener bienes pueden ser fácilmente agregado pues es secundario al objetivo general.

Capítulo 1: ¿Cómo hacer una inversión exitosa?

En este apartado, se verán las estrategias de inversiones exitosas para toda la vida que le proveerán el perfil básico para sus comienzos como inversor. Como haga sus inversiones dependerá de la tolerancia que tenga al riesgo; si usted es conservador preferirá estructurar una cartera con bastantes bonos y equivalentes de efectivo, que son de lento retorno pero estables; si usted está interesado en los riesgos, buscará acciones que tengan potencial crecimiento y bonos de alto rendimiento que paguen cupones más altos, pero son más riesgosos.

La línea de tiempo de su cartera también tiene impacto en como la estructura. La línea de tiempo que utilice para planear sus inversiones es llamada "su horizonte de inversiones". La estructura de su cartera necesita de evaluaciones regulares, usted querrá cambiar cómo asigna sus inversiones dependiendo de dónde esté en la vida: si usted apenas está empezando a invertir puede permitirse el invertir muchos de sus fondos en acciones porque tiene una carrera por delante para despojarse de esas acciones; si usted invierte cerca de su jubilación, serán más lógicas las inversiones más conservadoras porque usted no tendrá suficiente tiempo para recuperarse ante un mercado volátil.

La llave para el suceso en sus inversiones en general es el concepto de compromiso. Usted debe estar preparado para revisar constantemente y poner consistentemente trabajo en la gestión de sus inversiones, inclusive como un inversor pasivo.

Páguese Primero

Una de las primeras cosas que le dirá cualquier asesor financiero es que realice este principio. "Pagarse primero" significa que debe guardar sus ahorros antes que nada; ahorre antes de pagar sus deudas y pagos de manutención, de otra manera para el momento que se acerque el fin de mes es probable que no haya hecho el esfuerzo por ahorrar dinero y no tenga nada para invertir.

Además de pagarse primero y apartar ahorros para inversiones, usted siempre debe estar seguro de tener entre 3 a 6 meses equivalentes a gastos de vida a su alcance, así en el caso de una emergencia financiera deberá tener estos fondos como recurso, esto lo protegerá de tener que sacar sus inversiones en una emergencia.

Para ser capaz de ahorrar su dinero para inversiones deberá gastar menos dinero del que gana; un presupuesto cuidadoso es necesario para asegurar que usted está en las condiciones correctas para poner aparte fondos extras.

El principio del interés compuesto

El interés compuesto es importante para entender en términos de inversión a largo plazo porque puede agregar crecimiento significativo a los retornos de su inversión.

Adicionalmente, es importante entender el contexto de las inversiones como practica general. El interés compuesto es el interés en la cantidad de dinero que ahorró inicialmente, el principal, y también en el interés que ha ganado. Es el valor del interés acumulado por encima del interés; en cierto sentido, su interés aumenta exponencialmente. Por esta razón es prudente no retirar el interés que ha ganado de una inversión, si lo guarda usted puede obtener ganancias mayores a largo plazo del crecimiento exponencial de sus intereses.

El principio de Pareto

Este principio fue acuñado por el erudito Joseph Juran y lleva el nombre del economista Vilfredo Pareto. Pareto observó una proporción de 80/20 en su nativa Italia, notó que el 80% de la tierra pertenecía a un 20% de terratenientes. Puede servir para describir muchas de las interacciones de la vida diaria, pero tiene un poder particular cuando se aplica a finanzas y negocios.

El significado esencial del Principio de Pareto se deriva de una proporción de 80/20, en pocas palabras, el 20% de las causas provocan el 80% de los efectos. El Principio de Pareto no es necesariamente exacto, pero describe un principio crucial en casi todos los trabajos que hacemos: de la desigualdad.

Esto aplica a inversores de muchas maneras, particularmente con respecto a su proceso. Buscar oportunidades de inversión toma bastante tiempo, podrá encontrarse a sí mismo frustrado por el esfuerzo que está haciendo, el 80% del tiempo que pase haciendo investigaciones podría darle solo el 20% de probabilidad de encontrar una buena oportunidad. El 80% de las inversiones que encuentre podría solamente generarle un 20% general de ganancias que haga; sin embargo, eso también significa que el 20% de sus inversiones pueden resultar en 80% de ganancias.

Comprar y retener

Esta es una de las estrategias más básicas y de confianza en el mercado. Usted compra acciones y las retiene lo más que pueda. Para inversores que no tienen el conocimiento estratégico que el que tiene alguien con gran experiencia en el mercado, ésta no es una mala idea para involucrarse; sin embargo, los inversores corren el riesgo de retener acciones que ya han pasado su nivel de rentabilidad, por lo que es necesario evaluaciones anuales.

Diversificación

Todos están conscientes del peligro de las inversiones. La más reciente recesión de la economía global aún está fresca en la mente de las personas; sin embargo, estos peligros no deberían ser inconvenientes. Con una cartera sabiamente diversa, usted puede proteger sus ingresos de las inconstancias del mercado. Hay pocas formas de protegerse activamente del lado riesgoso de las inversiones, una de las estrategias es tener una diversificación de sus inversiones. En las finanzas no existen las garantías, pero la diversificación es una de las formas más efectivas de reducir el riesgo que afronta.

Diversificar significar invertir en múltiples mercados. Digamos que usted tiene una cartera que fue hecha completamente de acciones en una compañía de automóviles; si esa compañía tiene un escándalo de ingeniería y tiene que emitir retiros masivos, el valor de la acción caerá y afectará su cartera irremediablemente. Ahora, si usted invierte en una compañía de autobuses, usted no será golpeado tan duramente, no obstante, usted aún podrá sentir los efectos en sus acciones en la compañía de autobuses porque existe una correlación entre compañías de la misma industria cuando una está sujeta al daño.

Es mejor si usted invierte en una industria fuera de la automovilística, no estará en peligro de ser destruido por los peligros que afronta la industria del transporte. Entre más diversas sean las industrias mejor.

En las inversiones usted querrá lograr las menos correlaciones posibles. Entre menos relación tengan mejor, usted puede ir más allá de la industria, pues invertir en diferentes países y mercados podría fomentar la reducción de ciertos riesgos.

Usted también debe tener un surtido diverso de activos en su cartera. Los diferentes tipos de bienes reaccionan diferente a los cambios de los mercados. Tener variedad le permite a su cartera flexibilidad al lidiar con los eventos del mercado porque no todas se agotarán o experimentaran un rápido crecimiento de una vez.

Existe un debate sobre si uno debe mantener efectivo en su cartera. Existe el argumento de que el efectivo es dinero que usted noestá poniendo a trabajar; esto es verdad de alguna manera, efectivo y equivalentes de efectivo no le proporcionan ganancias significativas; sin embargo, generalmente es útil tener dinero porque estará disponible inmediatamente para inversiones en el caso de una nueva oportunidad.

Los inversores más exitosos usualmente tienen más de la mitad de sus tenencias en efectivo. Si se llegase a presentar una oportunidad de negocio, pero todos sus fondos estuviesen atados a inversiones que no pueden ser despojadas fácilmente, esto podría significar que su cartera estaba carente en liquidez y podría perder una gran oportunidad debido a esto. De igual forma, sería poco sabio sacar de su fondo de emergencia porque estos fondos están hechos para protegerlo en caso de perder su trabajo. Por supuesto, esto depende del horizonte financiero que tenga —si está planeando jubilarse pronto y no desea invertir en muchas nuevas oportunidades, mantener el dinero a la mano podría no hacerle bien.

El dinero puede ayudarle a ser más flexible. En el caso de una recesión del mercado, usted podría estar en peligro si todas sus inversiones están en acciones y bonos porque tendrá que gastar su dinero en ellos cuando sean más caros. Cuando la volatilidad hace caer al mercado, las acciones están en su precio más barato. Este puede ser el mejor tipo de trato que pueda obtener y tener dinero a la mano para estas situaciones en su cartera le da una ventaja.

Inversión de dividendos

Inversión de dividendos es una opción atractiva para las personas interesadas en comprar una acción. Un dividendo es una cantidad de las ganancias generales de una compañía pagadas a aquellos que sean dueños de acciones. Los dividendos no son emitidos por todas las compañías. Nuevas empresas o las de tecnología son muy poco probable que ofrezcan dividendos porque las ganancias generalmente son puestas inmediatamente de nuevo dentro de la compañía para llenar el negocio y crear productos adicionales.

No todas las industrias se prestan a emitir dividendos. Las compañías de gran madurez son las que usualmente pagan dividendos, por lo general son lo suficientemente estables para mantener un crecimiento a largo plazo. Las compañías usualmente aumentan el pago de dividendos anualmente para sus accionistas más leales. Los dividendos parecen ser buenas inversiones para personas que están buscando construir sus riquezas durante más tiempo, lo que significa que tienen un largo horizonte.

Los dividendos se vuelven particularmente

poderosos cuando están compuestos. La composición, como lo discutimos anteriormente con respecto a los intereses, también puede ser aplicada a los dividendos de inversión, pues en estos, las ganancias de las pagas de los dividendos pueden ser usadas para comprar más dividendos, por lo tanto, las ganancias por las inversiones son usadas para obtener más ganancias de la inversión inicial.

Después de un largo periodo de tiempo esto puede llevar a ganancias significativas, mientras deje los fondos de sus inversiones iniciales seguras y sin tocar. Esto requiere el compromiso de hacer la inversión inicial y no es tan rápido como el proceso de acciones de alto riesgo que ofrece un inmediato crecimiento potencial. Con el horizonte correcto de inversiones, los dividendos de inversión son una excelente manera de construir riqueza. Muchas compañías ofrecen planes de reinversión para simplificar el proceso, lo cual es ventajoso tanto para la compañía como para el inversor.

Nunca invierta en lo que no entiende

Si la compañía en la que está considerando

invertir no parece que le va generar dinero, deberá hacer más investigaciones para ver si de hecho es una inversión de confianza. Generalmente hay muchos enfoques para invertir. Puede ser tentador desviarse al tratar de probar todos los métodos posibles para hacer estrategias en sus inversiones; sin embargo, un enfoque más sensato al invertir es centrarse en una estrategia en particular.

Hay tanta información disponible sobre inversiones que puede ser verdaderamente abrumador. Al principio le dará curiosidad probar todo; hay muchas formas de mirar cada inversión. Sin la experiencia que pueda guiarlo, usted podría desperdiciar mucho tiempo en errores de novato. A menudo el dinero se pierde en inversiones desinformadas, la mejor cosa que puede hacer es dedicarse a dominar un enfoque a la vez. Encuentre una propuesta que haya sido probada y exitosa; por ejemplo, confiar en el Principio de Pareto en las inversiones cuando construya su cartera.

Una vez que haya tenido éxito, tendrá una sólida base de fondos para operar y usted flotará en la confianza de ese primer éxito. A partir de ahí le será fácil entender el ángulo en el que desea enfocar sus inversiones.

Capítulo 2: Automatizando y organizando su negocio de inversiones

Cuando está en el proceso de decidir cómo hacer su primera inversión, se podría dar cuenta que no hay una sola respuesta para la pregunta: "¿cuál es la cartera perfecta?", todo depende fuertemente de sus metas personales, horizonte y tolerancia al riesgo.

Asignaciones de activo

Antes de que empiece a trabajar con acciones específicas, bonos y fondos para invertir, es mejor empezar analizando qué tipo de asignaciones de activo le servirá mejor a sus propósitos. Las asignaciones de activos son una forma de organizar su cartera permitiendo que haya suficiente diversidad para balancear el riesgo que afrontar.

Invertir es mucho más que sí tiene o no acciones codiciadas en Apple, las estrategias son mucho más que compañías individuales. Teniendo activos en bonos, acciones, bienes raíces, negocios y efectivo, significa que sus inversiones se han propagado tanto que podrían responder diferente ante los cambios del mercado.

Como se mencionó en la introducción sobre los vehículos de inversión, las variadas clases de bienes se comportan diferente a lo largo del tiempo. Algunas alcanzan la madurez luego de grandes periodos de tiempo, como los bonos, por su lado, las bienes raíces no cambian drásticamente en valor a menos que se coloquen estratégicamente. Dependiendo del tipo de acciones que usted tenga, la expectativa al crecimiento cambiará.

Por esta razón es útil tener sus activos diversificados para dar cuenta de una gran variedad de patrones de crecimiento. Es tentador y se ve lógico al inicio de su carrera como inversor querer esforzarse por las inversiones que tengan mayor tasa de rendimiento; sin embargo, este enfoque ha probado ser peligroso en las recesiones pasadas. Invertir en acciones con el mayor rendimiento ha probado ser una desventaja en esas ocasiones.

Las asignaciones de activos tratan de evitar ese riesgo. Proporcionan equilibrio, las acciones que tienen mucho crecimiento podrían ser moderadas por las que no crecen rápidamente.

Cuando una perdida es significante, se puede contabilizar gracias a los más lentos pero confiables ingresos que provienen de las inversiones menos riesgosas.

Cómo asigne sus activos exactamente diferirá de persona a persona. Dependerá de factores como la edad; las acciones más riesgosas son mejores para personas que tienen más tiempo para recuperarse en sus carreras financieras. Incluso los inversores por temporadas, cuando se acerca su jubilación, son aconsejados de seguir opciones como bonos, que están menos sujetos a la volatilidad del mercado, aunque también depende de la tolerancia al riesgo.

Generalmente hablando, como un inversor joven, uno podría enfocar la mayoría de sus activos en acciones que probablemente crecerán con el tiempo. Los bonos y el efectivo son menos importantes, no obstante, son necesarios para la estabilidad y resistencia en tiempos de volatilidad. Los inversores más viejos deberán mover sus activos hacia bonos y reducir sus inversiones en acciones que no están haciendo tanto como las más rentables.

Para la edad de retiro, los inversores deberán cambiar sus asignaciones haciendo que más de sus recursos entes en efectivo y menos estén en bonos y acciones; esto se debe a que los bonos de las primeras inversiones habrán alcanzado madurez y es prudente que las ganancias de los esfuerzos anteriores se mantengan en efectivo para que no estén sujetas a la volatilidad del mercado y estén disponibles para los gastos de la jubilación.

Reequilibrio

La llave para la asignación de sus activos es monitorearlas por un año; la asignación con la que inicie no será necesariamente la que podría tener a la mitad del año, puesto que mantener la asignación estable es su principal meta a largo plazo, se requerirá de análisis y ajustes para regresarla a su balance original de acuerdo con la práctica de riesgo/retorno del inversor; esta práctica es conocida como "reequilibrio" porque los inversores usualmente pierden el equilibrio en inversiones riesgosas en vez de mantener el equilibrio con inversiones de bajo riesgo.

Reequilibrar por lo general requiere que los inversores se deshagan de sus altos precios y de bajo valor. Los activos resultantes de estas ventas son usados para invertir en valores de bajo precio y alto valor o en valores que son menos populares en ese momento. Esto amortigua la cartera de los inversores y les abre nuevas oportunidades en el futuro.

Pareciera lo contrario al instinto de un inversor porque requiere que se deshaga de algunas de sus mejores ganancias en inversiones a su favor por aquellas que se demuestran no tan bien. En cuanto a esto, es oportuno mantener el Principio de Pareto en mente: solo el 20% de sus inversiones le devolverán el 80% en ganancias; así que a la larga, no se verá dañado por dejar esas acciones de altas ganancias. Reequilibrar su cartera le ayudará a cumplir su plan financiero.

Automatización

Invertir puede convertirse en algo fácil luego de los primeros desafíos si usted elige automatizar servicios. Es una ventaja particular para los inversores en vista del Principio de Pareto porque requiere que usted trabaje menos con el fin de alcanzar mayor ganancia. Usted invierte menos de su atención y cosecha los beneficios de eso. Históricamente, usted está en gran ventaja si comienza a invertir ahora, eso es porque con los recientes avances en tecnología, automatizar sus inversiones es más fácil que nunca.

Los servicios de automatización de inversión construyen su cartera y se preocupan por invertir para usted. La automatización tiene muchas ventajas para los nuevos inversores. Una de ellas es que es menos costoso que ver a un asesor financiero, la mayoría de estos asesores tienen un mínimo tamaño de cartera requerida para que pueda acceder a sus servicios; con la automatización, existen algunos servicios que no tienen un requerimiento mínimo. Los pequeños inversores son elegibles para participar y beneficiarse.

Hay importantes diferencias entre las firmas de inversiones automatizadas. Usted deberá considerar los siguientes aspectos en los que difieran la mayoría de las firmas:

- Cuotas anuales.
- Deposito mínimo – Dependiendo del servicio, difiere el valor mínimo requerido de su cartera.
- Asignación de activos – Cómo ellos invierten sus activos depende de su propia formula y

cómo usted respondió a su consulta de evaluación de riesgos.

- Soporte de tipo de cuenta – A medida individual o más general.
- Nivel de automatización – Algunos servicios requieren participación humana, mientras otras son completamente automatizadas.
- Optimización de impuestos – Diferentes opciones para servicios que se encargan de impuestos como Recolección de Pérdida de Impuestos.
- Administración de activos- Qué porción de los activos esta en las manos del servicio.
- Custodia de fondos – En algunos casos las compañías tienen control directo sobre los fondos, en otras usted simplemente recibe avisos de comercio.

Quizás es el costo lo más importante en su consideración sobre qué servicio de automatización elegir. Los servicios de automatización cobran no solo por su servicio, sino por las tarifas que se pueden encontrar al intercambiar sus activos o comprar nuevos.

El servicio de automatización puede servirle bien, pero será difícil que satisfaga exactamente la naturaleza de sus necesidades.

Los softwares no necesariamente consideran sus necesidades como inversor. Una de las cosas de las que debe ser cauteloso es como el servicio de automatización calcula el riesgo.

A menudo, es más probable que le den un perfil de riesgo que no direccione sus necesidades actuales; por esta razón deberá ser escéptico antes de usar un servicio de automatización, calcular su perfil de riesgo de antemano y saber que expectativa tener antes de usar un algoritmo de servicio automatizado.

Gran parte de las facilidades ofrecidas por firmas de inversión automatizadas pueden cumplirse con inversiones de fondos mutuos, si usted está buscando ganancias con inversiones de largo plazo; sin embargo, aún si, los gerentes profesionales también son humanos y es probable que ellos no siempre sepan qué es lo mejor para usted. Evite poner mucha confianza en gerentes, también así puede perder oportunidades. Los inversores más exitosos hacen sus propias investigaciones con el fin de cumplir sus planes. Usted está en control de su propio futuro financiero.

Organizando sus inversiones con el

Principio de Pareto

Hay diferentes maneras de aplicar el Principio de Pareto en sus inversiones. La regla generalmente entendida dice que el 20% de su cartera contribuirá al 80% de su crecimiento. Alternamente, el 20% de su cartera puede ser responsable del 80% de sus pérdidas.

Al construir su cartera puede utilizar este método para invertir el 80% de sus activos en vehículos de bajo riesgo o que no sean particularmente volátiles, así como fondos indexados, letras del tesoro u otros equivalentes de efectivos; el otro 20% de sus activos podrán ser invertidos en acciones en crecimiento u otras inversiones de riesgo.

Esto requiere que usted descubra cuáles de sus activos en su cartera forman parte del 20% que es más efectivamente rentable. El Principio de Pareto funciona exponencialmente, si usted toma el 20% de su perfil que constituye el 20% de sus inversiones más efectivas, usted está maximizando el potencial que tiene para ganar con un crecimiento concentrado. Al utilizar el Principio de Pareto para clasificar las inversiones más poderosas que tenga, podrá identificar mejor las oportunidades de las que tiene más posibilidades de obtener ganancias.

Capítulo 3: ¿Por qué la mayoría de la gente lucha por sacar lucro de las inversiones?

Como se mencionó anteriormente, el mercado no es un lugar para jugar. Usted debe hacer decisiones informadas sobre dónde invertir su dinero antes de tomar la oportunidad. Esta es la razón por la que es crítico que investigue a fondo la compañía en la que planea invertir.

Mucha gente se deja encantar por los esquemas de "hágase rico rápidamente" que le prometen un gran retorno de sus inversiones en un corto periodo de tiempo. El principio de riesgo-retorno juego un rol en estas decisiones y es la falta de entendimiento de cómo evaluar apropiadamente el nivel de riesgo sobre el retorno lo que puede llevar a la ruina a muchos inversores.

Entre más alto sea el riesgo de una inversión, el retorno de la inversión tiende a ser más alto. Se necesita de un ojo entrenado para entender los matices de inversiones riesgosas, que es donde muchas personas hacen mal.Otra cosa que las personas fallan en tener en cuenta es el principio de interés compuesto. Usted puede hacer considerablemente más ganancias si no saca el dinero que ha ganado a través del ahorro. Muchas personas sacarán las ganancias obtenidas de su primera inversión exitosa, en vez de ahorrarla para tomar ventaja de la composición, ellos invierten más. Esto es dañino para las ganancias rentables a largo plazo y debe evitarse en la práctica.

No tener un plan A

Es esencial que tenga un plan antes de iniciar a invertir. Esta es la única forma de que pueda medir su progreso, así como de ajustar su cartera en el futuro. Sin un plan, usted pasará por tiempos difíciles tomando decisiones sobre sus inversiones.

Simplemente queriendo "golpear el mercado" no es suficiente dirección para construir una carrera de inversionista. Hay tantas opciones cuando se trata de inversiones, un plan le ayudará a reducirlas a un campo manejable y protegerlo de abrumarse.

Tener un plan financiero lo guiará al hacer sus inversiones. Esto significa que debe identificar sus metas: fondos de jubilación, poseer propiedades, pagar por estudios universitarios, son todas metas razonables por las cuales trabajar. Usted deberá identificar los puntos de referencia para medir el progreso que haga respecto a sus metas. Su plan también debe incluir los aspectos críticos de organizar una cartera, como los hemos discutido anteriormente: asignación de activos, riesgo/retorno y diversificación de sus inversiones. A largo plazo, tener este plan es la manera más lógica de invertir, es mucho más probable que sea rentable aque se tache solo.

No hacer suficientes investigaciones

Cuando considere una inversión deberá aplicar una rutina de investigación rigurosa, investigue su bolsa antes de involucrarse, asegúrese de los antecedentes de la bolsa muestren que está calificada y que tenga buenas valoraciones del pasado. La misma precaución se debe aplicar con los asesores de inversiones, usted deberá investigar cada oportunidad de inversión que encuentre.

Este es a menudo el aspecto que más consume tiempo de todo el asunto, pues requiere que identifique los componentes más importantes para usted basados en la composición de su cartera. Las compañías están obligadas a publicar información de sus ganancias regulares, esta información es publicada específicamente para que los inversores puedan hacer decisiones informadas sobre cómo eligen invertir sus fondos.

Si la compañía no está registrada con las organizaciones gubernamentales apropiadas para monitorear sus ganancias, entonces automáticamente es una inversión peligrosa. Tiene que buscar las fuentes para entrenarse correctamente para leer y entender las formas que detallan esta información. Hay muchas herramientas y bases de datos a su disposición para utilizar con el fin de tomar una decisión más informada sobre si la inversión vale el riesgo o no.

No estar preparado para las pérdidas

Parte de tomar riesgos al invertir es reconocer que, sin importar cuan estratégico sea su enfoque, usted lidiará con pérdidas. Como inversor, fallar en prepararse para las pérdidas es uno de los grandes errores que puede cometer. Cada dólar que pierde es un dólar que no podrá usar para construir sus activos, lo que significa que es un dólar que pierde para ganar un futuro retorno; no obstante, debe dar cuenta de ellos.

Esto es por qué la diversificación y las asignaciones de activos son componentes cruciales para su cartera. Al prepararse para la pérdida, también estará psicológicamente más preparado para las consecuencias. Las pérdidas a veces afectan tanto a los inversores en el sentido que se vuelven reacios a hacer otras inversiones y pierden la oportunidad que podría beneficiarlos. Para evitar esta parálisis, entienda este aspecto natural del trato y prepárese para las consecuencias.

Conclusión: Resumen

Involucrarse en inversiones es la mejor forma para prepararse para el futuro, de hecho, se ha vuelto necesario para acumular ahorros adecuados para la jubilación. No es difícil de involucrarse, pero es riesgoso sin los apropiados conocimientos de antecedentes. Estos son algunos de los principales hallazgos en esta guía que le ayudarán a entender los principales componentes de las inversiones:

- Invertir su dinero le ayudará a ganar más exponencialmente al que usted podría obtener con un trabajo normal, siempre que esté en las condiciones financieras para hacerlo.

- Conocer sus metas es esencial para invertir. Tener un plan y conocer sus objetivos para que pueda organizar su cartera como corresponde.

- Invertir es fácil con la ayuda de fondos mutuos y servicios de inversión automatizada, pero usted necesita entender las diferencias entre acciones, bonos y los principios básicos para obtener más de su cartera.

- Cómo asigna sus fondos dependerá de sus metas financieras (planeadas para trabajo, escuela, bienes raíces, jubilación) y de cómo luzca su horizonte de inversiones (¿por cuánto tiempo planea invertir?)

- Dependiendo de cuánto riesgo esté dispuesto a tolerar en el mercado, es como su cartera lucirá. Entender y calcular riesgos. La mejor forma de proteger sus inversiones de los riesgos es tener inversiones diversas en diferentes industrias y con diferentes clases de activos.

- En cuanto más pronto comience a invertir, más riesgos puede permitirse tener. Uno de los grandes errores que un inversor puede hacer es procrastinar. En cuanto más cerca este de la jubilación, más conservadoras deben ser sus inversiones.

- Entienda sus objetivos antes de hacer una inversión. No puede tenerlo todo, pero determine qué es importante para usted.

- Ahorrar dinero es algo crítico para invertir, no solo para futuras inversiones, al ahorrar el interés que gana de sus inversiones esta incluso componiendo las ganancias para mayores ganancias por venir.

- Usando la regla del 80/20 para administrar su cartera y su inversión en el tiempo, le ayudará a hacer la mejor de sus inversiones. No querrá hacer mucho trabajo por pequeñas ganancias.

- Haga sus investigaciones y prepárese para las pérdidas para que no lo atrapen con la guardia baja.

Entienda el principio de riesgo/retorno y como se aplica sobre sus metas generales para determinar qué inversión es mejor para usted.

www.ingramcontent.com/pod-product-compliance
Lightning Source LLC
Chambersburg PA
CBHW071211210326
41597CB00016B/1768